讀透美國憲法

[美] 保羅·斯考森　方偉　著

揭示憲法真諦
助您捍衛自由和權利

開新出版社
Genesis Press

開新出版社（Genesis Press Inc.）

美國紐約州中城

網址：www.genesispress.org

2024年9月28日首版發行

精裝版國際標準書號(ISBN)：978-1-963236-01-9

平裝版國際標準書號(ISBN)：978-1-963236-00-2

電子版國際標準書號(ISBN)：978-1-963236-02-6

責任編輯：Shawn Bai

責任校對：Ming Yuan

裝幀設計：Sandy Zhou

托馬斯·傑斐遜

1820年9月28日

"

國家的最高權力放在人民手中，是最安全的。如果我們認為人民不夠明智，沒法正確地行使控制權，解決之道不是從人民手中剝奪權力，而是通過教育來提高人民的決策能力。只有這樣，才能真正杜絕濫用《憲法》權力。

推薦序

　　1960年代，在美國加州奧克蘭等地，活躍著一個崇尚共產主義暴力革命的黑人組織——黑豹黨。他們在100多個城市點燃了戰火，因此被美國聯邦調查局抓捕和通緝。它的核心領袖克里弗（Eldridge Cleaver），先是逃亡到了古巴，後來又輾轉到了蘇聯、中國等其它共產黨國家。他所到之處，被當成「英雄」來歡迎。可是，他在流亡幾年之後，卻跑進了美國駐蘇聯大使館自首。他對使館官員說：「我寧願在美國蹲監獄，也不願意在這些共產國家當一個自由人！」

　　這是怎麼回事呢？原來，克里弗發現了一個問題——那些共產國家裡的人民，都活得很糟糕。無論是在東歐，還是在中國，能逃的都想逃走，沒有一個國家是成功的。相比之下，他反而覺得自己在美國的生活很不錯。

　　不過，儘管克里弗心甘情願回美國蹲監獄，可還是有些問題百思不得其解。於是，他在出獄之後，拜訪了著名《憲法》學者克里昂・斯考森（W. Cleon Skousen）博士，向他提出了三個問題：

　　第一、美國的政治制度為什麼比共產國家更成功？

　　第二、美國比共產國家經濟更繁榮的秘訣是什麼？

　　第三、既然美國政治和經濟都如此成功，為什麼文化如此失敗，讓年輕人蔑視美國？

克里弗果然找對了人。斯考森博士為他撥雲見日，找到了答案。在上完斯考森博士的「神奇美國」課程之後，克里弗感慨地說：「假如當初我家也上了這門課，我絕對不會成為共產黨人。我會愛美國，因為我知道了她偉大的秘訣。」

斯考森教博士在1960年代創立的這套「神奇美國」憲法課，在30年裡培訓了三百多萬美國人。

斯考森博士父子兩代，自1930年研究《美國憲法》至今已近百年，深得其中真諦，堪稱鳳毛麟角的《美國憲法》導師。他和兒子保羅·斯考森（Paul Skousen）教授合著的《飛躍5000年：美國28項立國原則》一書，一度成為最暢銷書，對世界產生了深遠影響。

2023年夏天，保羅·斯考森教授主講的「神奇美國」憲法課程，第一次面向全球華人招生，由美國常識學者、資深媒體人方偉擔任助教和翻譯。斯考森教授向學員們分享了克里弗的精彩故事，並給出了他那三個問題的答案。

斯考森教授說，1831年，法國思想家托克維爾到美國遊歷，發現連美國的小孩子，都知道《美國憲法》。這就是美國政治和經濟成功的秘訣。美國人用了180年的時間（1607-1787年）才找到它。此後，美國就一直高速發展。150年後，成為了最繁榮富強的國家。

那麼，美國的文化又是怎樣走向失敗的呢？

在1887年之前，美國幾乎沒有文盲。而到1887年之後，被稱為「進步主義教育之父」的約翰·杜威（John Dewey），主張拋棄美國的成功之道。他的計劃包括：換掉《憲法》和宗教文化；排斥父母對孩子的教育等等。這導致了美國文化的衰敗。今天的美國，竟然有3,200萬人不識字。

還有更令人觸目驚心的。斯考森教授的父親，早在1961年，就揭露了共產主義者顛覆美國的45個目標。當時很多人並不相信。現在人們發現，這些目標竟然已實現了44個。比如：提倡性解放和跨性別，解體傳統婚姻等等。

方偉採訪的美國華人成功人士，也都有著同樣的困惑和擔憂：如何保護我們的孩子？面對目前美國的亂象和種種價值衝突，我們該怎麼理解，又該如何對待？

這套「神奇美國」憲法叢書和課程，就能幫您找到答案。當然，這些問題並非美國獨有。所以這套叢書和課程，也並非美國人獨享。加拿大一家投資公司的總裁Jacky·馮先生，就是一名學員。他向華人朋友們推薦說：

「如果你對未來、對自己的生活感到沒有希望；如果你的工作、你的房貸出了麻煩；如果你對世界和美國經濟感到恐慌；如果你對目前美國社會亂象的原因感到好奇，那麼，這套課程，就是你的必學之課。」

「神奇美國」叢書和課程相輔相成，由斯考森父子兩代著述，共有十幾本。我們正在陸續發行淺顯易懂的中文版。通讀這套叢書，您就可能成為美國和世界自由的堅定守護者。

「神奇美國」叢書包括：
《讀透美國憲法》
《美國憲法簡明問答》
《如何拯救美國》

《美國28項立國原則》

《裸體的共產黨人》

《裸體的社會主義者》

《讀透華盛頓告別演說》

《讀透聯邦黨人文集》等等

千里之行，始於足下。現在，就讓我們一起踏上「神奇美國」的學習之旅吧！

開新出版社總裁

本·赫奇斯（Ben Hedges）

2024年9月28日

2023年8月30日，方偉（左）和斯考森教授，在
「美國建國之旅」途中的華盛頓總統故居弗農山莊。

前言

首先，恭喜您得到這本《美國憲法》指南，這將是您踏上「神奇美國」學習之旅的起點。

《美國憲法》言簡意賅，融入了幾千年的西方文明和智慧。它和《獨立宣言》是一體兩面。這兩部經典，締造了自由和繁榮強大的美國。在兩百多年後的今天，仍然熠熠生輝，意義重大，啟迪人心。

中國唐朝的名臣魏徵說過這樣的話：「求木之長者，必固其根本；欲流之遠者，比浚其源泉。」歷史已經充分證明，《美國憲法》就是美國的根本和源泉。

今天，無論美國的價值觀衝突多麼厲害，還沒有哪一方敢公開否定《憲法》的地位，各方都尊《憲法》為大。「違憲」（Unconstitutional），在美國是一個天大的錯誤。

這本書就是來幫助您，用最輕鬆的方式讀透《美國憲法》和《獨立宣言》。

如果您身在美國，您可以舉一反三，把這兩部經典，自如地運用到美國政治和社會生活。

如果您生活在其它國家，也同樣會深深受益，因為「他山之石，可以攻玉」。這兩部經典，本來就是人類共有的財富。

那麼具體來說，都是誰最應該讀這本書呢？

✓ 如果您想了解《憲法》和《獨立宣言》的精髓；

✓ 如果您想讀懂《憲法》和《獨立宣言》，但卻沒有太多時間；

✓ 如果您是剛來美國的新移民，對自由的廣闊前景充滿好奇；

✓ 如果您想教導您的孩子，讓他/她了解憲法；

✓ 如果您是需要快速明確政府權力和限制的政治家；

✓ 如果您是想了解如何在全球保護人權的人。

　　您都適合閱讀這本指南。本書一共分為七部分。建議您按部就班地消化它，直到您可以隨時隨地分享您的心得。

　　如果我們能讀透《憲法》和《獨立宣言》，就可以在實踐這個有史以來最神奇的自由公式 (Freedom Formula，或 Success Formula) 時，把對歷史的回顧，化為一盞明燈，指引我們穿越高潮和低谷、成功和失敗、繁榮和挑戰，走向未來！

　　現在，就請您翻開第1頁，開始閱讀吧。

保羅·斯考森　方偉

目錄

1

從頭開始

為什麼要閱讀《憲法》？

如果幾百萬人生活在一起，怎樣才能不為食物、住房和權力而互相廝殺呢？從有人類歷史開始，人們就一直為生存而爭戰，這真是一個非常可怕的問題。

人類花了幾千年時間，上下求索，終於在200多年前的1787年，找到了一個和平的解決方案。

於是，奇跡發生了！一個全新的國家因此誕生，並且改變了歷史的軌跡。爭鬥終於停止，秩序得以恢復，人們開始和平相處，共享繁榮。

發生了什麼？

因為《美國憲法》的橫空出世，這個卓越、巧妙和高雅的解決方案，把人類引向了自我管理。這證明是迄今保護人權和鼓勵創新的最佳方案。

這部《憲法》只有4,379個字，但是美國國父們，通過這部《憲法》幫助美國建立了一個近乎完美的聯邦，確立了公正的司法制度，保障了國家安寧，促進了人民幸福，並確保美國人從此以後，世世代代得享自由。

對於當時的美國人來說，這種全新管理方式，就是一個驚人的奇跡。

民治、民享

美國國父們制定這部《憲法》時，力求做到通俗易懂，簡單易行，因為法律不是給專業人士讀的，而是給公眾讀和遵守的，人民如果了解《憲法》，就可以監督賦予官員的權力，警惕他們濫用權力。

這部《憲法》的最終版本，在1787年9月17日完成。它的目標闡述很清晰，實施的計劃也很周詳。它也不復雜，有條有理，包含的原則簡單，每個人都能理解。它是一部實用指南，幫助美國人應對國家最棘手的那些問題。

承諾

《美國憲法》要求它保護下的美國公民做兩件事：首先，誠實地遵守它；第二，經常閱讀它。

如果美國人經常閱讀《憲法》，會產生驚人的效果。他們會發現，領袖的權力是受限制的。於是，他們就能更好地讓狂熱的政客保持克制和公平，保護人民的天賦權利免遭濫用和破壞。

因此，美國人閱讀《憲法》，是為了保衛自己的自由。世界上所有追尋自由的人，也都能在閱讀這部《憲法》時深深受益。

《憲法》有什麼作用？

《美國憲法》創建了三權，或三個政府分支部門來管理國家。每個部門都有特定的職責，其它部門不准插手。所有職責都有明文規定，各部門必須做什麼，可以做什麼，以及不能做什麼，一目了然。

如果需要完成的一項工作，並不屬於這三個部門的職責範圍，那麼，這項工作的主人就是各個州和各州的人民。

《憲法》與法治

在詞典中，政府的定義是「一種管理或控制的體制」。大多數人會把他們的政府，視為某個政黨。比如民主黨、共和黨、社會主義黨、獨立黨和工黨等。可是，只根據這些名稱，人們沒法知道它們管治的方式。因此，美國國父們在衡量世界各國政府時，用它們對人民的控制程度，作為標準。

換句話說，衡量政府的標準不是政黨，而是政治權力。

根據這個衡量標準，美國國父們發現，幾乎所有不良的政治體制，都屬於兩個極端之一：無政府狀態或暴政。

無政府狀態和暴政的問題

無政府狀態，就是混亂，沒有法律、沒有政府、沒有管制，也沒有中央政治權力。這種體制會滋生暴民，他們會把自己的意志強加於人，並且為所欲為，偷竊和打鬥成為家常便飯，社會中人人自危。

暴政，是另一個極端，政府過於龐大，權力過大，控制過多。無論統治者下達什麼命令，人民都被迫服從。這叫做「統治者的法律」。

找到平衡的中心

美國國父們的目標，是找到過多政治權力和零政治權力之間的平衡。

他們的解決方案就在《憲法》中。《美國憲法》規定，人民擁有所有的統治和控制權力。他們可以把某些權力，委派給政府；同時，人民選出的代表又始終在監督著政府。這樣的方式，叫做「人民的法律」。

美國國父們的看法如下圖展示。這三種法律和政府形式，分別是「統治者的法律（暴政）」、「人民的法律」和無法律（無政府狀態）。

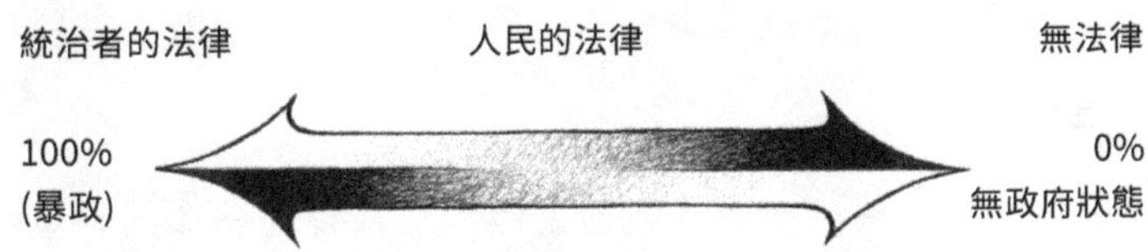

所有權力屬於人民

下圖展示了統治者的法律和人民的法律之間的對比。

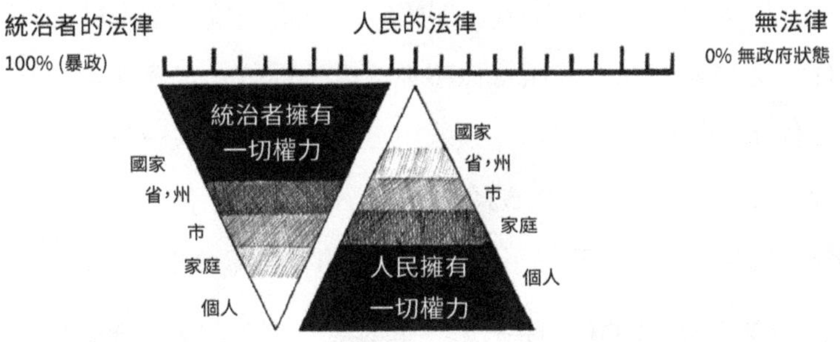

倒金字塔展示的是「統治者的法律」。頂層統治者掌握所有權力，把少數權力逐級下放給下一級，位於金字塔底部的人民，手中的權力最少。

正金字塔展示的是「人民的法律」。所有權力都在位於底部的人民手中，政府部門的級別越高，從人民那裡獲得的權力越少。位於頂層的國家政府，權力最少。

從金字塔的放置方向可以看出，「統治者的法律」很容易顛覆，而「人民的法律」非常穩定。

唯一的保證

《美國憲法》的最根本目的，是保證人民有權做出負責任的選擇。

「負責任」一詞，意味著要像維護自身權利一樣，尊重別人的權利。

這些選擇，包括在經濟方面嘗試、購買、出售和失敗的自由，這些自由帶來的是廣闊的前景，和無限的可能。在這個框架裡，人人權利平等，受到同樣保護。

但是，《美國憲法》無法保證，這些選擇會帶來同樣的條件、能力或結果。它無法保證你或你的團隊一定會成功，無法保證家家都有一輛車，頓頓桌上有雞吃，人人一部智能手機……也就是說，《憲法》保障了人民的權利，但是並不保障任何結果，但是，它給了所有人同樣的權利和機會。

《美國憲法》的作用是什麼？答案是：讓美國人民完全掌控自己的政府。

國父們為什麼要制定《憲法》？

1760年代，英王喬治三世在憤怒和病痛中掙扎，當時的英國雖然贏得了曠日持久的7年對法戰爭，卻債台高築。為緩解財政困境，喬治三世和他的政府，打起了北美殖民地的主意：徵稅。

這個政策激怒了殖民地人民，因為他們對徵稅毫無發言權。於是，他們給英王寫信，並且派遣使者抗議，還創建了大陸議會，抵制對英貿易。這是北美13個殖民地首次聯手抵制英國的權威，維護自己的權利。抵制非常成功，對英貿易額急劇下降。

然而，喬治三世不僅對這些努力視而不見，反而強硬鎮壓，這激起了殖民地人民的反抗。他們認為，要重獲自由，只能武裝起義和脫離英國，沒有其它出路。《獨立宣言》就是他們的正式聲明。

《獨立宣言》體現了美國獨立戰爭的精神和理想，闡明了為什麼殖民地人民對英王如此失望。他們打贏了戰爭，創建了美國政府之後，把如何解決對英王的不滿，都寫進了《憲法》。英王對殖民地的每一種壓迫行為，《憲法》中都有相應的章節、條款或保護措施，來防止類似行為重演。

所以，《美國憲法》不是憑空誕生的，它誕生的來源就是專制帶來的痛苦和教訓，對這些痛苦的思考，和思考過後的解決方案；《美國憲法》是有根有源的，這些都反映在《獨立宣言》裡。下面，我們就一起來看看，《獨立宣言》的具體內容吧。

《獨立宣言》導讀

國父們的13項信仰宣言

1.我們相信，真理是不證自明的

（「我們認為，這些真理是不證自明的」）

2.我們相信，人人造而平等

（「……人人造而平等」）

3.我們相信，創世主賦予所有人一些絕對的權利

（「創世主賦予了他們一些不可剝奪的權利」）

4.我們相信，創世主賦予所有人絕對的生命權

（「……其中包括生命權」）

5.我們相信，創世主賦予所有人絕對的自由權

（「……自由權」）

**6.我們相信，創世主賦予所有人絕對的財產權，
和追求幸福的權利**

（沒有私有財產權，「……追求幸福的權利」就無從談起）

7.我們相信，政府的目的是保障人民的人權

（「……為了保障這些權利，人民建立了政府」）

8.我們相信，人民有選擇和建立自己政府的絕對權利

（「……人民就有權改變或廢除它」；「來建立一個新政府」；「基於最有可能讓人民獲得安全和幸福的原則」；「推翻這樣的政府，並為他們未來的安全建立新的保障」）

9.我們相信，統治者的權力，來自被統治者的授權

（「而政府的正當權力，是人民賦予的」）

**10.我們相信，人類天生願意承受苦難，
而不是顛覆他們所習慣的狀態**

（「……任何苦難，只要是還能忍受，人們都寧願容忍，而無意為了維護自身的權益，就廢除他們早已習慣的政府」）

11.我們相信，政府頻繁更迭，會損害人民的安定和幸福

（「……成立多年的政府，
不應該由於輕微和短暫的問題而更換」）

12.我們相信，人民有權根據需要和別人自由交往

（「……當一個民族必須解除和另一個民族的政治聯繫」）

13.我們相信，創世主會保護並延續這個國家

（「……堅定信賴創世主的庇佑」）

八個古老的原則

自由的基本原則

《獨立宣言》是一份信仰宣言，由於這些信仰受到了攻擊，因此也是一份正當自衛的宣言。《憲法》中沒有提這些信仰的內容，一個字都沒有提，只是用程序性語言描述了保護這些信仰權利的政府結構。所以，《獨立宣言》和《憲法》這兩份文件是一體兩面，不可分割的，前者宣示信仰，後者闡述如何保護信仰。

17天完成的傑作

1776年6月，托馬斯·傑斐遜接受了一項艱鉅的任務：撰寫《獨立宣言》。這個宣言正式聲明：北美殖民地脫離英國。

傑斐遜完成這部傑作，用了17天的時間。他著重闡述了自己一直研究的古老的關於自由的原則，這些原則為11年後國父們制定《憲法》，奠定了一個強有力的哲學框架。 傑斐遜是這樣闡述自由原則的：

1. 真理不證自明

好的政府，應該建立在不證自明的真理之上。這些真理，應該是顯而易見、毋庸置疑的。

2. 法則來自創世主和自然

有些法則，人人都得遵守。無論這些法則是來自於創世主，還是來自於自然。這些法則天然就存在，每個人都和它有著同等的聯繫。

3. 人人平等

無論男女老幼都擁有平等的權利。具體反映在兩個方面：在法律面前人人平等，在創世主眼中人人平等。儘管每個人的特質和處境不同，但人的權利本質上是平等的。

4. 權利不可剝奪

作為上帝和自然之神的法則，人權是普世的，人人享有，不可剝奪。政府授予的其它權利，都能被剝奪。但是，天賦的人權不可剝奪。

5. 生命權、自由權和財產權

最重要的天賦人權包括：生命權、自由權和獲取、開發和出售私有財產的權利。

6. 政府必須保護權利

人們創建國家的根本目的，是建立一個政府，來保護自己的人權。

7. 政府來自人民授權

人民有權決定如何管理國家，以及由誰來管理。除了人民授予的權利，政府沒有其它任何權利。

8. 人民有權更換政府

如果政府不能保護人民的權利，人民就有權利和義務更換政府。

這8項基本原則帶來了最美好的承諾：國家和民族都建立在自由和平等的基礎之上，統一不可分割。這些承諾在1776年，激起了殖民地人民對自由的渴望，他們稱之為《獨立宣言》。

《宣言》的結構和內容

《獨立宣言》由五部分組成。

1. 前言：**本宣言的目的**

這部分宣告，人民擁有天賦權利來更換政府，並按照自己的意願獨立行事。

2. 主張：**權利不可剝奪**

這部分總結，關於人權和好政府的8大永恆原則，這些原則不言而喻。

3. 控訴：**英王的所作所為**

這部分列出，對英王喬治三世和英政府的27項控訴，證明他們如何與自由為敵。

4. 辯護：**殖民地人民做了什麼**

這部分用兩段闡述，殖民地人民曾多麼努力，以和平方式解決和英王的矛盾。

5. 宣言：**我們獨立了！**

殖民地人民正式宣布：從1776年7月4日起，不再接受英王室的統治，不再接受英國政府的任何控制。他們用了歷時8年的獨立戰爭，來表明他們的態度。最終，殖民地人民贏了。

暴政的七大支柱

　　《獨立宣言》控訴，英王喬治三世和英國政府通過7種專制手段，侵犯殖民地人民的自由，強迫他們臣服。自人類有史以來，在所有嚴酷的專制政府中，都能見到這些手段的蹤影。

　　1.**獨裁統治**：自由的最大敵人是獨裁，獨裁者可以是個人，也可是一個團體。獨裁者不受法律和任何管理機構的約束，也不受人民的約束。他的權力不受任何限制。這是一種至高無上的自私的統治：賞罰由獨裁者說了算。

　　2.**等級分化**：統治者為獎勵其支持者，為他們提供特殊保護，讓他們成為精英階級，享受其他人沒有的特權和好處。

　　3.**推動「共產」**：統治者掌控國家經濟後，通過劫富濟貧來推行所謂的「公平」。國父們稱之為「平均主義」，並警告：子孫後代永遠不要搞共產，一旦搞了，人人受窮，後患無窮。

　　4.**全面監管**：為實現共產，統治者要監管一切，嚴格控制價格、生產和分配。

　　5.**武力脅迫**：人民對於統治者的命令，毫無選擇權。統治者通過武力，強迫人民臣服。

　　6. **信息控制**：統治者控制資訊流通，讓人民相信舊的方式不好，而他們的新方式才是好的，或者很快會變好。

　　7. **剝奪權利**：只要人民阻礙統治者實現目標，統治者就會侵犯人民的權利。

　　這7種手段，就是暴政的7大支柱。縱觀歷史，自由的敵人有五花八門的名稱，如共產主義、社會主義、納粹主義、極權主義、法西斯主義、中共政權、蘇聯等等。

　　儘管這些名稱各不相同，但本質都一樣，都是通過暴政的七大支柱，來攫取和控制權力。

計時閱讀

現在，我們來從頭到尾閱讀《獨立宣言》。全文內容在本書第115頁～121頁。

這個練習不超過15分鐘。

所需工具：

一支紅色筆、鉛筆或螢光筆，一個計時器。

閱讀環境：

找個安靜、光線和照明充足的房間，端坐桌前，做好劃重點和做筆記的準備。

劃重點：

閱讀過程中，標出幾個可聯想到七大暴政支柱的關鍵詞。

計時練習：

第一次閱讀《獨立宣言》，可能會有點慢。從「在人類事務的發展過程中……」開始，讀到「……共同宣誓」時結束。

準備好了嗎？按下計時器，開始閱讀。

讀完了嗎？恭喜您，剛剛讀了一遍《獨立宣言》。

時間：＿＿＿＿＿＿＿＿日期：＿＿＿＿＿＿＿

測試自己

現在，您已經大致了解了《獨立宣言》的內容和結構，很容易找到以下問題的答案。

1.大陸議會何時簽署《獨立宣言》？ ＿＿＿＿＿＿＿＿＿＿

前言：「在人類事務的發展過程中……」

2.殖民地人民解除了和誰的政治聯繫？

＿＿＿＿＿＿＿＿＿＿＿＿＿＿＿＿

3. 根據《獨立宣言》，人民有哪些天賦權利？

＿＿＿＿＿＿＿＿＿＿＿＿＿＿＿＿＿＿＿＿＿＿＿

4.在「獨立平等的地位」一句中，「獨立」一詞是指獨立的個人，不是指一個團體，「平等的地位」，是指在地球上共享同樣的環境。每個人和地球上所有人平等共享什麼？ ＿＿＿＿＿＿＿

5. 是誰賦予了這些人權？ ＿＿＿＿＿＿＿＿＿＿＿＿＿＿＿

主張：「我們認為，這些真理是不證自明的……」

6.「不證自明」是什麼意思？ ＿＿＿＿＿＿＿＿＿

7.「不可剝奪」是什麼意思？ ＿＿＿＿＿＿＿＿＿

8.人們建立政府的根本目的是什麼？

＿＿＿＿＿＿＿＿＿＿＿＿＿＿＿＿＿＿＿＿＿＿＿

9. 政府的權利，來自誰的授權？ ＿＿＿＿＿＿＿＿＿

＿＿＿＿＿＿＿＿＿＿＿＿＿＿＿＿

10. 人民是否有不可剝奪的權利，來更換變壞、崩潰或濫用權力的政府？ ＿＿＿＿＿＿＿

是否應該經常換政府?____

11. 在「人民只要還能忍受，就不會爭取權利」這一句中，是指人民只要自身基本需求得到滿足，政府再壞也會忍受。如果政府一味濫用權力，人民有哪些「權利和義務」？

____

控訴：「他拒絕批准對公眾最有益……」

12. 請用鉛筆給前十三項控訴編號。它們都以「他」開頭。在這十三項控訴中：

    a.「拒絕」一詞出現多少次？____________

    b.「禁止」一詞出現多少次？____________

    c.「阻礙」一詞出現多少次？____________

13. 在第十三項控訴後，有幾項控訴以「他授權」開頭，請用筆繼續為控訴編號。

    a. 有多少項控訴以「他授權」開頭？____________

    b.第十七項控訴，「徵稅」是在缺乏什麼的情況下進行的？

    ____

    c.第二十一項控訴，國王廢除了什麼「最有價值」的東西？

    ____

14.在第二十三項控訴中，國王拒絕保護殖民地，並開始_____

____

15.在第二十七項控訴中，國王煽動了________________對邊境的襲擊。

辯護：「在這些壓迫的每一階段……」

16.這一部分共有兩段。第一段中，殖民地人民請願的目的是什麼？

____

17.殖民地人民的請願，是否得到了回應？

____

18.在最後一句中，殖民地人民如何評價喬治三世，是與自由為敵的統治者？

____

19.在第二段中，殖民地人民用_______________________呼籲，以制止英王的壓迫，最終是否成功？

____

宣言：「因此，我們……」

20. 在第二次提到「自由和獨立的國家」之後，殖民地人民宣布擁有以下「全部權力」：

    a. _______________________________________

    b. _______________________________________

    c. _______________________________________

    d. _______________________________________

    e. _______________________________________

21. 在宣言結尾，殖民地人民堅信誰的庇佑？

____

22.英國對「叛國罪」施以的是極刑：首先把人絞至昏迷。然後

21

割斷繩子，把人弄醒，再開膛破肚，斬首示眾。之後，再大卸八塊，下油鍋煮，最後再散之四海。面對這可怕的後果，國父們以他們的＿＿＿＿＿＿＿＿＿＿＿＿＿、＿＿＿＿＿＿＿＿＿＿＿＿和＿＿＿＿＿＿＿＿＿＿＿＿＿＿＿＿＿＿來宣誓，共同面對。

答案

1. 1776年7月4日

2. 英國

3. 生命權、自由權和追求幸福的權利

4. 人權

5. 創世主和自然法則

6. 不證自明：無需論證，真理即可彰顯

7. 不可剝奪：不能被奪走

8. 保障權利

9. 人民

10. 是；否

11. 推翻舊政府，建立新的保障

12. 3；1；1

13. 9；同意；法律

14. 向我們開戰

15. 美洲印第安人

16. 糾正壓迫行為

17. 否

18. 不配做自由人民的統治者。

19. 同種同宗；否

20. 宣戰、締和、結盟、通商；獨立國家有權採取的其它行動

21. 創世主

22. 生命、財產、神聖的榮譽

《宣言》的歷史常識

目的：宣告殖民地脫離英國，向全世界陳述脫離英國的理由，鼓勵殖民地同胞和友邦聯合起來，爭取獨立。

初稿作者：托馬斯·傑斐遜，1776年6月12日至27日。

首次編輯：約翰·亞當斯、本傑明·富蘭克林、羅傑·謝爾曼和羅伯特·利文斯頓，1776年6月27日至28日。

最終編輯：大陸會議全體，1776年7月1日至4日。

字數：1,337詞（含簽名共1,458詞）

正式通過：1776年7月4日

簽署：多數代表於1776年8月2日簽署了《獨立宣言》，另有五人後來簽署，兩人未簽署。

羊皮紙：一張，寬24-1/4英寸，長29-3/4英寸

代表們簽署的《獨立宣言》撰寫在羊皮紙上，用大號清晰字體認真撰寫，作為最終正式版本。羊皮紙堅硬、平滑、輕薄且耐磨，通常用綿羊皮、小牛皮或山羊皮等動物皮製成。

簽署人：来自十三個殖民地的56名大陸會議代表。

歷史時間表：

1774年10月20日：第一屆大陸會議創建了議會，抵制對英貿易。這項聯合行動，鼓舞了殖民地人民，成為了發布《獨立宣言》的前奏。

1776年5月15日：大陸議會告诉殖民地人民，與英國和解已不可能。殖民地人民應著手組建政府，制定新憲法，並且把殖民地轉變為國家。

1776年7月2日：大陸議會宣布獨立。

1776年7月4日：大陸議會通過《獨立宣言》。

1776年7月4日：約翰‧鄧拉普印製了約200份《獨立宣言》，被稱為「鄧拉普單面印刷版 (Dunlap Broadsides)」；已知現存24份。

1776年7月6日：《費城晚報》首次刊登《獨立宣言》。

1776年7月8日：《獨立宣言》在費城首次公開宣讀。

1776年7月9日：華盛頓在紐約下令，對美軍宣讀《獨立宣言》。

1776年7月19日：大陸議會下令抄寫《獨立宣言》，並由議會代表簽署。

1776年8月2日：代表們開始簽署《獨立宣言》的抄寫副本。與此同時，大批英國援軍抵達紐約。此前，美軍在南卡羅來納州的查爾斯頓，擊退了他們。

1777年1月18日：大陸議會的新址，設在了馬里蘭州的巴爾的摩。議會下令，把瑪麗‧凱瑟琳‧戈達德多印刷的《獨立宣言》簽名版，發送到13個殖民地。

宣布喬治三世違憲

　　美國人民贏得獨立之後，希望英王的暴虐行為不會在美國重演。國父們希望，新憲法能夠建立限制和制衡機制。這樣，總統就永遠也不會變成暴君。

　　下面我們列舉了對英王的27項控訴，以及規定這些濫權行為違憲的50多個《憲法》條款。每項控訴包括三個部分：

　　第一部分：概述英王的濫權行為。

　　第二部分：托馬斯·傑斐遜在《獨立宣言》中列出具體控訴。

　　第三部分：《憲法》的解決方案，附帶引文。

　　殖民地人用「國王」一詞，來統指國王喬治三世本人。他的大臣、英國國會議員和他指派的地方官員，他們都試圖強迫殖民地人民向英國臣服。

1. 國王阻撓通過人民需要的法律。

　　控訴：「他拒絕批准對公眾最有益、最必要的法律。」

　　《憲法》：「總統必須執行國會通過的法律。如果總統認為某項法律對美國有害，他有權否決。但國會可以憑借三分之二的多數票，推翻總統的否決，強制通過立法。」

　　（見第三章第三節；第一章第七節第二款）

2. 國王擱置所有新法律，非其親自批准不可。

　　控訴：「他禁止他的總督們批准急需且至關重要的法律，或把這些法律擱置，等待他的批准。而一旦擱置這些法律，他就完全置之不理了。」

《憲法》：「總統只有十天時間審查一項法案。如果總統十天內不回應，將自動成為法律。如果總統否決，國會可以憑借三分之二的多數票，推翻總統的否決。」

（見第一章第七節第二款）

3. 國王禁止新的代表進入議會。

控訴：「他拒絕批准便利廣大地區人民的其它法律，除非人民情願放棄在立法機關中的代表權。這種權利對人民來說價值無量，只有暴君才害怕這種權利。」

《憲法》：「總統無權阻止成立新州，也無權阻止人民選舉地方和聯邦代表。」

（見第四章第三節第一款；第四章第四節）

4. 國王強迫議會到艱苦的地點開會。

《獨立宣言》：「他把各地的立法機構召集到既不方便、也不舒適、遠離它們公共檔案庫的地方開會，唯一的目的，是讓他們疲於奔命，不得不順從他的旨意。」

《憲法》：「總統無權要求國會或州議會在哪裡開會。國會必須在華盛頓特區開會。」

（見第十修正案；第一章第五節；第八節第十七款）

5. 國王多次解散人民的議會。

《獨立宣言》：「他一再解散各殖民地的議會，因為他們勇敢、堅定地反對他侵犯人民的權利。」

《憲法》：「總統無權解散國會或逮捕國會議員。只有國會有權決定何時休會。」

（見第一章第二節第三款；第一章第四節第二款；第一章第五節；第一章第六節第一款）

6. 國王阻止人們選舉新議會。

《獨立宣言》：「他解散各殖民地議會後，又長期拒絕另選新議會。但立法權是無法取消的，它又回到了廣大人民手中，由他們行使。此時，各殖民地險象環生，既有外來侵略之患，又有發生內亂之憂。」

《憲法》：「總統無權阻止各州選舉地方和聯邦代表。」

（見第一章第三節第一款；第一章第四節第一款）

7. 國王阻止移民和拓墾。

《獨立宣言》：「他竭力阻止各殖民地增加人口。為此，他阻撓《外國人入籍法》通過，拒絕批准其它鼓勵外國人移居各殖民地的法律，並提高分配新土地的條件。」

《憲法》：「總統無權干涉常規移民，也無權干涉為新移民分配土地。」

（見第一章第八節第四款；第四章第三節第二款）

8. 國王阻止殖民地自行設立司法機構。

《獨立宣言》：「他拒絕批准確立司法權的法律，借以阻礙司法公正。」

《憲法》：「總統無權干涉國會設立聯邦法院，也無權干涉各州設立州法院。第十修正案授權各州設立自己的法院系統。」

（見第三章第一和第二節；第一章第八節第九款；第十修正案）

9. 國王強迫法官服從他的意志，否則就解僱。

《獨立宣言》：「他控制法官的任期、薪酬數額和支付，強迫法官聽命於他。」

《憲法》：「總統可以提名法官，但不得干涉法官的任免。只有國會有權決定法官的薪酬，並通過彈劾程序罷免法官。」

（見第三章第一節；第一章第二節第五款；第一章第三節第六款）

10. 國王增設對公眾毫無益處的官僚機構。

《獨立宣言》：「他濫設新官署，派遣大批官員，騷擾我們人民，蠶食民脂民膏。」

《憲法》：「這項指控，是針對國王指派負責貿易法執行的新官員。只有國會有權監管國際貿易。未經國會批准，總統不得增設官員。國會有權決定，哪些總統提名人必須由國會批准。」

（見第一章第八節第三款；第二章第二節）

11. 國王未經議會同意，就強設常備軍。

《獨立宣言》：「他在和平時期，未經我們的立法機關同意，就在我們中間駐扎常備軍。」

《憲法》：「未經國會批准，總統無權在人民中駐軍。只有國會有權建立軍隊，批准軍隊撥款，制定軍規和監管軍隊。」

（見憲法第三修正案，第一章第八節第十二至第十六款）

12. 國王使軍隊凌駕於文官之上。

《獨立宣言》：「他力圖使軍隊獨立於文官政府之外，並凌駕於文官政府之上。」

《憲法》：「軍隊受文官控制，由總統（文職）擔任總司令。只有國會有權建立軍隊，批准軍隊撥款，制定軍規和監管軍隊。」

（見第二章第二節第一款；第一章第八節第十二至十六款）

13. 國王放任議會，把意願強加給殖民地人民。

《獨立宣言》：「他和一些人勾結，把我們置於既不符合我們體制，又未經我們法律承認的管轄制度之下。他還批准那些人炮製的各種偽法案。」

《憲法》：「總統無權採取司法或立法行動，因為這違背《憲法》的三權分立原則。」

（見第一章第一節；第三章第一節）

14. 國王強迫殖民地人民安置駐軍。

《獨立宣言》：「在我們中間駐扎常備軍。」

《憲法》：「總統無權強迫公民在家裡安置士兵。」

（見憲法第三修正案）

15. 國王包庇士兵，殺人不受懲罰。

《獨立宣言》：「用假審判來包庇他們，使他們在殺害殖民地居民後，可以逍遙法外。」

《憲法》：「總統不得干涉被告在罪行發生的州，或國會指定的州接受公審。總統可在公審後給予緩刑和赦免，但應該極其慎重，而且必須有正當理由。」

（見第三章第二節第三款；第二章第二節第一款）

16. 國王切斷了殖民地的所有國際貿易。

《獨立宣言》：「切斷我們和世界各地的貿易。」

《憲法》：「總統無權監管國際和國內貿易，這項權力只屬於國會。」

（見第一章第八節第三款）

17. 國王未經殖民地人民同意，就開徵新稅。

《獨立宣言》：「未經我們同意，就向我們強行徵稅。」

《憲法》：「總統無權對人民徵稅。只有國會有權徵稅。」

（見第一章第八節第一款）

18. 國王剝奪了殖民地人民的陪審團審判權。

《獨立宣言》：「在許多案件中，剝奪了我們享有陪審團審判的權益。」

《憲法》：「刑事案件被告，必須由公正的陪審團審判。」

（見第三章第二節第三款；憲法第六修正案）

19. 國王強迫受指控的美國人，到英國法庭受審。

《獨立宣言》：「編造罪名，押送我們到海外受審。」

《憲法》：「被告有權在罪行發生的州或地區，在辯護律師的援助下，迅速、公開地由公正的陪審團審判。」

（見憲法第六修正案；第三章第二節第三款）

20. 國王把魁北克的邊界，拓展到北部殖民地。

《獨立宣言》：「在一個鄰近地區（英屬加拿大的魁北克省），廢除英國的自由法制，在那裡建立專制政府，並擴大它的疆界，企圖使它立即成為一個樣板和得心應手的工具，以便向這裡的各殖民地推行同樣的專制統治。」

《憲法》：「總統無權從各州奪取領土，或控制美國的其它財產。這項權力只屬於國會。」

（見第四章第三節第二款）

21. 國王取消百年來的王室特許狀，摧毀地方法律。

《獨立宣言》：「取消我們的特許狀，廢除我們最寶貴的法律，並且從根本上改變了我們的政府形式。」

《憲法》：「總統無權破壞國家的最高法律，即憲法或各州法律。」

（見第六章第二節；第四章）

22. 國王未經同意就接管所有立法權。

《獨立宣言》：「中止我們自己的立法機關，宣稱他們有權在任何情況下為我們立法。」

《憲法》：「總統無權制定法律，違反分權制度，破壞州的主權或違反州的法律。」

（見第一章、第二章、第三章和第四章）

23. 國王拒絕保衛殖民地免受攻擊。

《獨立宣言》：「他放棄了在這裡的政務，宣布不再保護我們，並向我們開戰。」

《憲法》：「美國政府保證每個州都受到聯邦保護，免遭外部入侵，平定內部暴亂。」

（見第四章第四節）

24. 國王公然襲擊美國人。

《獨立宣言》：「他在我們的海域大肆掠奪，蹂躪我們的沿海地區，焚燒我們的市鎮，殘害我們人民的生命。」

《憲法》：「總統不得對各州發動戰爭，不得幫助他們的敵人，也不得援助和安慰美國的敵人。未經正當法律程序，不得剝奪任何公民的生命、自由或財產。」

（見第三章第三節第一款；憲法第三修正案）

25. 國王僱用外國士兵鎮壓殖民地人民。

《獨立宣言》：「此時，他正在運送大批外國僱傭兵，來行屠殺、破壞和暴虐之惡。這種惡事早已開始，其殘酷和卑劣的程度，在最野蠻的時代也難找到先例。他完全不配做一個文明國家的元首。」

《憲法》：「未經國會批准和正當法律程序，總統不得軍事占領美國領土，或隨意對公民採取軍事行動。」

（見憲法第三修正案和第五修正案）

26. 國王在公海綁架殖民地人民，強迫他們加入英軍。

《獨立宣言》：「他在公海上抓捕我們的同胞，強迫他們拿起武器，反對自己的國家，成為屠殺自己親人和朋友的劊子手，或死在自己的親人和朋友手裡。」

《憲法》：「總統無權直接逮捕，必須遵循正當的法律程序。只有國會有權制定陸地和水上逮捕法規。」

（見第一章第八節第十二款；憲法第三和第五修正案）

27. 國王挑起內亂，煽動印第安人襲擊殖民地人民。

《獨立宣言》：「他在我們中間煽動內亂，並竭力挑唆殘酷無情的邊疆居民——印第安人，殺掠我們的人民。眾所周知，印第安人的作戰規則，是不分男女老幼，一律格殺勿論。」

《憲法》：「國會擁有唯一的宣戰權。根據法律，總統不得挑起動亂或發動戰爭。」

（見第四章第四節；第一章第八節第十二款）

《美國憲法》導讀

追根溯源

閱讀《憲法》，不需要多少準備。

第一次閱讀《憲法》時，並不需要我們了解很多歷史、經濟或政治學知識。但是，如果了解制定《憲法》時的相關背景，我們對許多《憲法》條款的理解，就會變得更清晰。這裡，如果先熟悉《獨立宣言》，就會對理解《憲法》很有幫助。了解了當時國父所經歷的英王喬治帶來的痛苦和磨難之後，我們就會明白，為什麼《憲法》要那麼詳細地規定政府的職責。

也就是說，因為有了英屬殖民地時代英王專制的痛苦，才會帶來這部《憲法》的完備，這叫做「痛苦是成熟之母」吧。

追根溯源，《美國憲法》在歷史上其實有兩個版本。

夭折的第一個版本 (1777年-1787年)

在獨立戰爭期間，國父們制定了第一部美國《憲法》——《邦聯條例》(Articles of Confederation)。1777年，它在大陸會議通過，1781年得到各州批准，不久，獨立戰爭結束。

《邦聯條例》之所以夭折，是因為它沒有賦予中央政府足夠的權力，來促使各州齊心協力、迅速結束戰爭。它沒有讓國家變得更團結和更強大，相反，導致了很多混亂和挫折。

幾乎完美的第二個版本 (1787年至今)

1787年夏天，來自13個州的代表，在費城匯聚一堂，準備修訂《邦聯條例》，卻發現修不好。於是，國父們決心從頭來過，制定一個更有效的版本。

　　他們用了四個月的時間，設計了一個全新的、更適合美國人民的政府形式。他們創建了三個政府部門，彼此相互制衡；通過民意代表的方式把政府控制權，交到人民手中；還建立了一個法院，來解決法律方面的挑戰；讓各州和人民與聯邦政府公平、均衡地分享權力。

　　正是這部《憲法》，開啟了美國高度自由、快速增長和開疆拓土的新時代。

無知和自由不可並存

　　國父托馬斯·傑斐遜（Thomas　Jefferson）曾說：「如果一個國家指望既無知又保障自由，在文明社會中，这種事情從過去到將來，都不存在。」

　　傑斐遜在警告我們——如果我們對如何保障自由一無所知，最終將失去自由。

　　國父詹姆斯·麥迪遜（James Madison）說：「我相信，當權者剝奪人民自由的方法，更多的是悄無聲息地漸漸蠶食，而不是用暴力和突然篡奪。」

　　托馬斯·傑斐遜提醒所有美國人，一定要保護好得來不易的自由：「要想永得自由，就要枕戈待旦」。就是說，要時刻保持警惕，準備應對危及自由的事情發生。

良好的開端

　　有成千上萬本書，精彩地講述了《憲法》的歷史和制定的過程。它們引用了偉大思想家的至理名言，解釋了國父們獲得見解和指導的各種來源；它們介紹了美國人如何為自由而戰，以及如何在獨裁統治和無政府之間，找到完美平衡的偉大討論；它們還講述了國父們創建世界上第一個自由國家的激動人心的故事。

了解這些故事至關重要。不過，大多數人只想知道——我們從哪裡開始，可以了解自由國家的真正運作方式，並理解《憲法》扮演的寶貴角色？

答案就在《憲法》本身。我們需要問正確的問題，然後再把《憲法》給出的答案，運用到當下的種種事務上，這就是學習《憲法》的方式。

現在，我們就從這個《憲法》的簡短導覽開始吧。

《憲法》的結構

《憲法》編排得井井有條，就像一本書分為章節、段落和句子三個層次。在《憲法》中，這三個層次稱為「章」、「節」和「款」，英文叫article, section和clause。

章

主要章節為「章」。《憲法》共有七章。

節

每章分為幾節，每節有一個或多個段落。

39

款

款是單獨的句子或段落，它們沒有編號，但人們通常按照出現的順序，來稱呼它們。比如：第一段稱為第一款，第二段稱為第二款，以此類推。

別名

《憲法》中許多條款，因為被頻繁地討論，它們的別名也廣為人知。比如：商業條款（Commerce Clause）、戰爭條款（War Clause）、至高條款（Supremacy Clause）、政教分離條款（Establishment Clause）、正當法律程序條款（Due Process Clause）等。

《憲法》的內容

《憲法》共有七章。前面的三章，建立了三大政府部門。這三大部門既獨立，又精心地交織在一起，互相之間強力制衡，來防止任何一個部門濫用權力。後面的四章，涉及到各州，以及使這一切完美運作所需的相關方法和流程。

1. 第一章 立法部門

立法部門也叫國會，負責制定所有法律和管控資金。國會分為兩部分——眾議院和參議院。

2. 第二章 行政部門

行政部門包括總統、所有政府機構和部門，負責執行國會所制定的法律。

3. 第三章 司法部門

　　司法部門包括最高法院和所有下級聯邦法院，負責判定公民和政府的行為，是否符合《憲法》。《憲法》設立了最高法院，並授權國會根據需要設立下級聯邦法院。

4. 第四章 州權

　　各州由各自的州政府控制。《憲法》賦予各州一定權力，並規定了州和州之間，以及州和聯邦政府之間的責任。各州既可獨立運行，又能互相合作，形成一股強大的力量，促進經濟繁榮和國家安全。

5. 第五章《憲法》的修正

　　這一章，為完善和延續《憲法》提供了和平的方法。修憲的過程極其繁瑣，必須經歷嚴格的審查，絕不能輕率通過。國父們希望，自由的原則應該永恆不變，不能因故意或意外修改而被破坏。

6. 第六章《憲法》至上

　　這一章明確規定，法律必須有一個最高標準，就是《憲法》。所有民選官員必須宣誓遵守《憲法》。國父們再三強調，各級政府和人民都要誠實，這是人民得以自治和永享自由的重要條件。

7. 第七章《憲法》的批准

　　這一章宣布，九個州通過就足以批准新《憲法》。

修正案

如何顯示措辭的變化？

多年來，《憲法》七章的措辭發生了一些變化。大多數《憲法》副本，是把原始措辭放在括號內，或加上一個註釋，來顯示這些變化。

註釋

如何引用《憲法》條款？

許多人可能不認識一個分節符§。在註釋中引用《憲法》的某節時，正式出版物通常使用分節符§，比如第一章第九节，就叫做 Art I, §9。但很多出版物也就是直接用Art I, Section 9。

記憶小竅門

我們能否找到一種簡單方法，來快速記住《憲法》的每一章內容？

在這個現代文化和電影盛行的時代，許多奇異的外星人名字，已經成為一代人的日常用語。

你想像一下，在《星際旅行》(Star Trek) 電視劇中，有誰聽過Lej Sasr這個人名？

其實沒人啦，因為這是我們為了「憲法七章」，而杜撰出來的外星人物名，來幫助大家熟記《憲法》。

每天念這個詞——L.E.J.S.A.S.R.兩次，堅持一週，就不會忘記了。

L—Legislative Branch 立法部門，第一章

E—Executive Branch 行政部門，第二章

J—Judicial Branch 司法部門，第三章

S—States 各州，第四章

A—Amendments《憲法》的修正，第五章

S—Supreme Law《憲法》至上，第六章

R—Ratification《憲法》的批准，第七章

LEJ SASR

計時閱讀

現在，我們來從頭到尾閱讀《憲法》七章。全文內容在本書第122頁～136頁。

這個練習，大約需要30至45分鐘。

所需工具：

一支紅色筆、鉛筆或螢光筆，一個計時器。

閱讀環境：

找個安靜、光線和照明充足的房間，端坐桌前，做好劃重點和做筆記的準備。

劃重點：

閱讀過程中，可以不時標出2至3個關鍵詞，用來幫自己記住一個句子或段落的意思。

計時練習：

第一次閱讀《憲法》，可能會有點慢。從「我們美國人民……」開始，讀到第七章末尾華盛頓的名字時結束。

準備好了嗎？按下計時器，開始閱讀。

讀完了？恭喜您，剛剛讀了一遍《美國憲法》。

記下這個有特別意義的時間！

時間：＿＿＿＿＿＿日期：＿＿＿＿＿＿

測試自己

有用的細節

對《憲法》的結構有了初步了解，你會很容易找到以下問題的答案。

1.《憲法》有多少章？ _______

2. 哪一章最長？ _______

3. 哪一章最短？ _______

4. 哪一章的小節最多？ _______

5. 哪一章的小節沒有編號？ _______

6.在一些書籍和文章中，使用特殊符號「§」，指代什麼？
____

7.《憲法》中使用哪三個層次，作為查找信息的「地址」？

_________，_________，_________

8.哪個外星人的名字，可幫你記住《憲法》的所有章節？

____

9.修正案修改了《憲法》的措辭，如何區分原始措辭？（可參見第一章，第二節，第三款）_______________________

10. 哪個部門負責制定法律？ _______________

11. 哪個部門負責執行法律？ _______________

12. 哪個部門審定法律是否符合《憲法》？ _______________

13. 哪章說明了如何選舉總統？ _________

14. 哪章說明了新的州如何加入聯邦？ _________

15. 哪章說明了如何修改《憲法》？ _________

16. 哪章說明了如何使《憲法》成為美國法律？　＿＿＿＿＿＿

17. 為什麼國父們要州議會任命參議員，而不是通過普選？

（參見第一章，第三節，第一款）

____

18. 請閱讀第II頁托馬斯·傑斐遜的話，並回答以下問題：

    a. 誰是《憲法》的真正守護者？　＿＿＿＿＿＿＿＿＿＿＿

    b. 傑斐遜是否說過，政府是「社會最終權力的存放地」？

    ____

    c. 如果有些人不能做到小心、「謹慎」地行使某些自由，是

否就不應該給他們這些自由？　＿＿＿＿＿＿＿＿＿＿＿

    d.　《憲法》賦予的權力被濫用时，最佳糾正措施是什麼？

請用一個單詞描述。　＿＿＿＿＿＿＿＿

答案

1. 7

2. 第一章

3. 第七章

4. 第一章

5. 第五、第六、第七章

6. 節

7. 章、節、款

8. Lej Sasr

9. 在括號內

10. 國會

11. 總統

12. 最高法院

13. 第二章

14. 第四章

15. 第五章

16. 第七章

17. 您的意見 (提示：國父們希望，在華盛頓，代表州利益的參議員，應該由州議會定期審查)

18. 人民；否；否；教育

《權利法案》

下一部分，將為您介紹《權利法案》。這是《憲法》的前十項修正案，也是大多數人最熟悉、最認同並且記憶最深刻的部分。

《憲法修正案》導讀

《權利法案》簡介

保護人權

《憲法》第一章第八節，僅賦予了聯邦政府20項權力。聯邦政府無權侵犯個人的人權，如宗教自由、出版自由、集會自由、請願自由等。聯邦政府也無權廢除言論自由、侵犯隱私、或施加殘忍的懲罰等。換言之，除了20項明確給聯邦的權力之外，都是人民的。

《權利法案》是否還有必要？

這真的是一個好問題。但是在1787年，有些國父就是擔心，聯邦政府會不尊重未明確寫出來的權利。如果不把重要的人權明確列出來，某些陰謀家會選擇性地保護只對他們有利的權利。

列出權利清單的危險

《憲法》本身已經列出了近300項權利。有些國父認為，如果再單獨列出一個權利清單，結果可能會導致人們會遺忘或不尊重那些沒有被列出來的權利。那麼，未來的政府可能就會鑽這個空子，來破壞人民的那些權利。

儘管如此，最終美國人民放心不下，還是制定了一份書面的《權利法案》。

意見紛紜

《憲法》在1788年通過後，進入修憲，國會總共收到189項修憲提案。詹姆斯·麥迪遜把收到的提案壓縮到17項，國會最終只批准了其中的12項，各州最終通過了12項中的10項，這就是今天我們所說的第一至第十的《憲法》修正案，也稱為《權利法案》，於1791年12月15日正式成為聯邦法律。

不是新權利宣言

《權利法案》并不是宣布新的權利，也不是羅列所有的權利。人權乃天賦，正如《獨立宣言》所述，創世主賦予了每個鮮活的靈魂「一些不可剝奪的權利」。

相反，《權利法案》列出的是「禁止聯邦政府做的事情」，所以，這不是一份人權清單，而是一份「約束政府，防止被侵犯的人權」的清單。

到底什麼是權利？

權利「是一種在法律或道德上應享有的待遇」。國父們確定了兩種基本權利：(1)政府授予的法定權利，(2)創世主賦予的自然或不可剝奪的權利。

有的人把這兩種權利混為一談，以為只要提出要求，生活中的某些權利就應該自動屬於他。

法定權利和自然權利之間有什麼區別呢？

法定權利

法定權利由政府授予。這是一些習俗和規則，讓人們在互相交往的過程中不傷害對方。

例如，法定權利包括開車權、投票權、建房權、申請專利權、為付費的公眾提供藥物、播放廣播或電視、跨過國界、加入醫療保險、擁有音樂版權、出售畫作、創業和釣魚和打獵等等權利。

法定權利具有三個特點：

1.**選擇性**：法定權利是有選擇性的，有人有，有人沒有。

2.**暫時性**：政府根據所有人都同意的法律和規則，授予這些權利，所以給你時你才有。

3.**責任性**：如果有人不遵守某些規則和法規，人民授權政府來取消違規者的法定權利，並給予懲罰。

自然權利

相比之下，這是「自然或不可剝奪的權利」，不會強加於人，而且具有普遍性。所有人在出生時都擁有這些權利，不能取消或通過立法剝奪。

自然或不可剝奪的權利，具有三個特點：

1. **普遍性**：創世主賦予了每個生命某些「不可剝奪的權利」。

2. **不強加於人**：一個人行使自然權利，不會強加給他人什麼義務，也不會侵犯他人的權利。

3.**責任性**：這個和「法定權利」一樣：有責任尊重行使自然權利，不得濫用權利造成傷害。

受《憲法》保護的自然權利，至少有286項。由於社會或文化環境的原因，可能還有一些其它不可剝奪的權利，尚未得到承認。總有一天，它們也會得到承認，因為爭取自由，也就是爭取行使不可剝奪的權利。

《權利法案》的內容

　　第一至十項修正案被稱為《權利法案》。它具體列出了禁止政府做的事情，防止在位者伺機濫權，制定自己的人權清單，而忽略這些必不可少的權利。

第一修正案

　　第一修正案列出了五項基本權利，政府不得損害或削弱。

1. 宗教

　　國父們擔心國會強迫全國人民信仰某一個國教，或阻止人民自由信仰他們自己的宗教，因此第一修正案禁止國會越權。

2. 言論和出版

　　言論自由和出版自由，但不是絕對權利，必須有合理的限制（例如，不可以誹謗和煽動暴亂）。國父們要求由各州來制定關於違法言論的相關法規。

3. 集會

　　人們對英王喬治三世主要的不滿在於：他的士兵阻止人們聚集和交談，甚至逮捕他們，無論人數多少。國父們不允許這種騷擾行為。

4. 向政府請願

　　人民有權挑戰和對抗政府，而不受當局干涉。

第一修正案

國會不得制定法律，來建立**宗教**(1)或禁止自由信教，**剝奪言論自由或出版自由**(2)；剝奪人民和平**集會**(3)和向政府**請願申冤**(4)的權利。

第二修正案

第二修正案明確表示，聯邦政府不得干涉公民擁有槍枝的權利。

5. 民兵

州民兵是公民組織，由州長或國會徵召，保護人民免受傷害。

許多美國人將州民兵和國民警衛隊混為一談。其實，國民警衛隊並不是民兵，而是由聯邦政府出資，在各州訓練的獨立預備役部隊。

6. 擁有和攜帶武器的權利

自衛權是一項自然的、不可剝奪的權利。早在《憲法》制定之前，各殖民地人民，一直就有持槍自衛的權利。這一修正案，確保人民有權擁有武器，用於保護個人、自衛和參加民兵組織。

第二修正案

訓練有素的**民兵**(5)，是保障各自由州安全的必要條件，**不得侵犯人民擁有和攜帶武器**(6)的權利。

第三修正案

7. 不得駐軍於民宅

這項修正案，防止政府在和平時期，強迫公民免費為士兵提供住所。在1770年代，美國人被迫為英王的軍隊提供食宿，並經常遭受隨之而來的侵犯——偷竊和破壞財產，蹂躪婦女，虐待主人。

第三修正案

在和平時期，未經房主同意，**士兵不得駐扎在任何民宅**(7)；在戰爭時期，也必須按照法律規定的方式駐扎。

第四修正案

這項修正案，旨在防止政府窺探人民的私人生活、住所和財產。

8. 隱私

《憲法》保護住宅、企業和私人文件的隱私權，防止政府在沒有正當理由，或未經法律正當程序的情況下，對個人或非法行為進行調查。

9. 不合理的搜查和扣押

這項修正案，保護人民的隱私不被無理侵犯，私人財產不被無理沒收。例如，警察可以在犯罪現場收集證據，或者在追捕嫌犯或搶救生命時，穿越私人財產。但是，他們不能在沒有正當理由的情況下，以調查違法行為為理由任意四處搜查。

10. 法院逮捕令

除非法官發出逮捕令，否則政府官員不得逮捕公民。唯一的例外是，當一個人作案時，被目擊者抓獲。

> **第四修正案**
>
> 人民享有**人身、住宅、文件和財產**(8)，不受無理搜查和扣押(9)的權利，這項權利不得侵犯。除非有正當理由，用宣誓或代誓宣言保證，並明確說明搜查地點和扣押的人或物，否則，不得簽發**搜捕令**(10)。

第五修正案

許多人聽說過「我以第五項抗辯」這句話。第五項指的就是第五修正案。公民不能被迫向法庭自證其罪，這一個權利解決了我們所熟悉的「屈打成招」的弊端。

11. 大陪審團

在正式指控某人犯有嚴重罪行之前，大陪審團必須首先聽取證據，並一致認為，確實發生了犯罪，才能起訴。

12. 不得重複審判

一旦被判無罪或有罪，就不能再因同一罪行二次受審。

13. 強迫認罪

不能強迫一個人認罪。他可以自願提供信息，達成認罪協議；他也可以為了良心不受譴責而認罪，但不能強迫其這樣做。

14. 正當程序

這項強有力的保護措施，防止政府在沒有聽取證據的情況下，剝奪美國人的生命、自由或財產。這稱之為「正當法律程序」。

15. 財產權

如果沒有給財產所有者公平付費或補償，政府不得徵用個人財產。這種政府的「剝奪」行為，稱之為行使「徵用權」。除非政府是為了造福大眾，並提供公平補償，否則不得徵用。

第五修正案

除非有**大陪審團**(11)的報告或起訴書，否則，任何人不得因死罪或其它重罪而受審，但在戰爭或公共危機時期，陸軍、海軍或民兵服役時發生的案件除外；任何人不得因同一罪行，而**兩次**(12)危及生命或身體；在任何刑事案件中，不得強迫任何人**自證其罪**（13）；未經**正當法律程序**（14），不得剝奪任何人的生命、自由或財產；不得未經公正補償，就把**私有財產**(15)徵為公用。

第六修正案

國父們對英王喬治三世的司法系統很有戒心，因為他用它來壓制或摧毀反對派。國父們竭盡全力，杜絕這種事情發生。

16. 快速審判

快速、公開的審判，必須讓雙方都有足夠的時間做好準備。審判公開舉行，以便其他人確信審判是公平的。

17. 公正的陪審團

被告有權接受陪審團的審判。陪審團成員由犯罪發生地的居民組成，以保護被告免受歧視或毆打。

18. 知情權

在英國統治下，犯人往往無法知道對他們的正式指控，因而無法做出適當的辯護。《權利法案》要求立即、清晰地說明指控。

19. 和證人對質

被告可以盤問原告的證人，以確認證人的陳述是否屬實。

第六修正案

在所有刑事訴訟中，被告享有以下權利：在發生犯罪的州和地區（該地區應事先依法確定），由公正的陪審團 (17)，進行快速和公開的審判 (16)；得知 (18) 指控的性質和理由；和原告證人 (19) 對質；強制傳喚對其有利的證人；獲得辯護律師 (20) 的協助。

如果沒有對自己有利的證人出庭，被告可以通過傳票制度，強迫證人出庭。

20. 有權獲得律師辯護

被告有權獲得律師為他辯護，無論他是否請得起律師。

第七修正案

21. 陪審團審判

國父們希望，如果要求賠償的金額是20美元或更多，當事人有權要求陪審團審判。

22. 保護證據

由一個陪審團根據事實和證據做出的決定，另一個陪審團不能撤銷。對於上訴的案件，新的陪審團必須接受先前的裁決為事實。

第七修正案

在普通法訴訟中，如果爭議的價值超過二十美元，應保留由**陪審團審判**(21)的權利。陪審團判定的任何事實，美國任何法院，都不得以普通法以外的規則**重新審理**(22)。

第八修正案

23. 過度的罰款和懲罰

英王喬治三世濫用權力，以荒唐的罰金和巨額保釋金虐待人民，以致人民無法工作賺錢償還。國父們禁止這樣做。

英王喬治三世還對犯人施以酷刑，如割耳、鞭打、砍手、閹割、禁錮在枷具架上示眾多日、割鼻子、烙印、任由他們在監獄中自生自滅等。國父們也禁止這樣做。

> **第八修正案**
>
> 不得要求過高的保釋金，不得處以過高的罰款，也不得施以殘忍和異乎尋常的懲罰。(23)

第九修正案

24. 人民保留所有權利

這項包羅萬象的修正案，賦予美國人要求所有權利的權利，不論這些權利是否在《憲法》中提及。這項修正案，防止政府僅僅因為某項權利未列入《憲法》或《權利法案》，而侵犯這項權利。

> **第九修正案**
>
> 《憲法》中列舉的某些權利(24)，不得解釋為否認或貶低人民保留的其它權利。

第十修正案

25. 未授予的權力屬於人民

第九修正案宣布，所有人權都屬於人民。第十修正案把所有未分配的政治權力，賦予各州或人民。

> **第十修正案**
>
> 凡《憲法》未授予美國聯邦行使、也未禁止各州行使的權力，都保留給各州或人民。(25)

受保護的27項權利

1. 信仰權

2. 言論自由權

3. 出版自由權

4. 集會權

5. 請願權

6. 攜帶武器權

7. 軍隊不得入駐民宅權

8. 人身、文件和財產安全權

9. 不得非法搜查和扣押權

10. 逮捕須有正當理由權

11. 指控須經大陪審團權

12. 軍人獲得大陪審團聽證權（軍事法庭除外）

13. 一罪不二審權

14. 可不自證其罪權

15. 正當法律程序權

16. 獲得賠償權

17. 快速審判權

18. 陪審團聽審權

19. 和證人對質權

20. 傳喚證人權

21. 擁有辯護律師權

22. 二十美元以上民事案件的陪審團審判權

23. 上訴事實有效權

24. 保釋金和罰款不得過高權

25. 免受酷刑權

26. 未列明之權利盡屬人民權

27. 未授予之權力盡屬人民權

你怎麼看？

最高法院曾經裁定，《憲法》中沒有提到的現代問題，應該由聯邦政府負責。他們因此受到批評，說裁定違反了第九和第十修正案。你怎麼看呢？你認為哪個部門最適合處理以下問題？請用X標示。

州政府		聯邦政府
	酒精飲料	
	墮胎	
	婚姻	
	宗教	
	仇恨罪	
	毒品	
	警察和消防	
	食品券	
	教育	
	駕駛執照	
	恐怖襲擊	
	狩獵/釣魚	
	死刑	
	邊境管制	

記憶小竅門

如何記住《權利法案》？

雖然沒有一個像「LEJ SASR」那樣的簡單方法，但還是有很多訣竅，能幫你記住《權利法案》的內容。

數字27

首先，《權利法案》中受保護的權利，有27項，對英王喬治三世的控罪也是27條，《憲法》修正案也是27條。這個27，可以當成竅門來幫助記憶。

第一修正案——言論和結社

訣竅：用一根手指 （食指）代表第一修正案。用食指來記住以下五個權利：

1. 宗教（指向天空，指向神）。

2. 言論（指向嘴巴）。

3. 出版（用手指按在桌子或手機上，明白嗎？）。

4. 集會（做招手的動作，招喚其他人集合）。

5. 請願（用手指在空中寫字）。

第二修正案——自衛

訣竅：用兩根手指（拇指和食指）代表第二修正案，做出手槍的形狀。

第三修正案——在民宅駐軍

訣竅：「兩人作伴正好，三個人就太擠了！」 用前三個指頭代表第三修正案，記住，夫妻（兩個）是一對伴侶，但第三者（士兵）就不受歡迎了。

第四修正案——非法搜查和扣押

訣竅：用四根手指代表第四修正案，然後握成一個拳頭，四根手指緊緊握住某樣東西，提醒你，要奪走、扣押別人的財產。

第五修正案——自證其罪

訣竅：用五根手指代表第五修正案，捂住嘴巴。這幫你記住，別人不能強迫你自證其罪。

快速記住五個要點：

訣竅：假設雙手是「陪審團之手」（手指代表陪審團成員）。請先高舉一隻「陪審團之手」，開始記憶以下五個要點：

1.大陪審團聽證會（把你的「陪審團之手」放在耳邊，讓陪審團聽到指控你的罪名）。

2.不得強迫自證其罪（用這隻「陪審團之手」，扼住你的喉嚨）。

3.不得對同一罪行審判兩次（用兩隻「陪審團之手」，扼住你的喉嚨）。

4.正當法律程序（把兩隻「陪審團之手」放在一起，十指相扣。未經正當法律程序，法院不得剝奪生命、自由或財產）。

5.公正補償（雙手握在胸前成杯狀。法院要把你的財產徵為公用，必須付你錢。）

第六修正案——迅速、公開的審判

訣竅：用一根手指，指著手機上的時鐘，聯想快速審判權。

快速記住六個要點：

訣竅：舉起你的一隻「陪審團之手」，和另一隻手的食指，來代表第六修正案。本修正案還提到了法庭內的幾個角色。

1. 快速的審判（用另一隻手的食指，指著手機上的時鐘）。

2. 指控（一根手指代表宣布指控的法官）。

3. 律師（一根手指代表你的辯護律師）。

4. 陪審團（「陪審團之手」代表陪審團審判權）。

5. 和證人對質（用食指指向對面，表示和原告證人對質）。

6. 有利的證人（用食指指向自己，表示強制傳喚對自己有利的證人）。

第七修正案——20美元以上的陪審團審判

訣竅：舉起你的一隻「陪審團之手」（算作五），再加上另外兩根手指，總共是七根，代表第七修正案。

然後，用另外兩根手指，表示「2」，「陪審團之手」握拳，表示「0」，代表20美元。

第八修正案——殘酷和異乎尋常的懲罰

訣竅：舉起雙手，把兩根拇指藏在手心。國王懲罰你，殘忍地砍斷了你的兩根拇指，你只剩下了八根手指，這代表第八修正案。

第九修正案——未列明的權利

訣竅：舉起雙手，把一根拇指藏在手心，展示九根手指，代表第九修正案。聯想雖然九項權利一目了然，但在視線之外的其它權利，也是真實存在的，毋庸置疑。

第十修正案——未授予的權力

訣竅：未授予政府的權力都屬於人民。張開你的雙手，用十根手指代表這十個修正案。現在，你已經擁有超能力，來摧毀暴政的七大支柱了。來吧，摧毀它。

計時閱讀

現在，我們來從頭到尾閱讀《權利法案》。全文內容在本書第137頁～146頁。

這個練習，大約需要10-15分鐘。

所需工具：

一支紅色筆、鉛筆或螢光筆，一個計時器。

劃重點：

在閱讀過程中，可以不時標出2-3個關鍵詞，用來幫自己記住這些句子或段落的意思。前幾頁中圈出的關鍵詞就是很好的例子。也許你需要標出很多關鍵詞。

《權利法案》非常精煉，一個句子中有許多概念。

如果你把每項修正案，都看作是一篇簡短的新聞報導，標題應該怎麼寫呢？

計時練習：

從第一修正案開始讀，讀完第十修正案停止。

準備好了嗎？按下計時器，開始閱讀。

讀完了嗎？恭喜您，剛剛讀了一遍《權利法案》。

時間：＿＿＿＿＿＿＿ 日期：＿＿＿＿＿＿＿＿＿

測試自己

有用的細節

您已經對《權利法案》有了初步了解，以下問題的答案，很容易就找到了。

1.《權利法案》共有多少項修正案？ ＿＿＿＿＿＿

2.最初有多少項修正案？ ＿＿＿＿＿

3.有多少項修正案被批准了？ ＿＿＿＿＿

4.哪項修正案最長？ ＿＿＿＿＿

5.哪項修正案最短？ ＿＿＿＿＿

6.在《權利法案》保護的權利中，您認為最重要的三項是什麼？

    a.

    b.

    c.

7.哪項修正案明確限制聯邦政府，不得行使未經各州授予的任何權力？ ＿＿＿＿＿＿

8.哪項修正案禁止聯邦政府使用酷刑？ ＿＿＿＿＿＿

9.哪項修正案防止聯邦政府，不付錢而奪走農民的土地？

＿＿＿＿＿＿＿＿＿＿＿＿＿＿＿＿＿＿＿＿＿＿＿＿＿＿＿

10.哪項修正案限制聯邦政府，干涉人民的宗教自由？

＿＿＿＿＿＿＿＿＿＿＿＿＿＿＿＿＿＿＿＿＿＿＿＿＿＿＿

11. 請舉出兩個例子，說明如何正確限制和控制言論自由？

    a.

    b.

12.哪項修正案規定，未經大陪審團審查事實，不得指控某人
犯罪？＿＿＿＿＿

13.請舉例說明，在什麼情況下，才應該限制和控制出版自由？

＿＿＿＿＿＿＿＿＿＿＿＿＿＿＿＿＿＿＿＿＿＿＿＿＿＿＿＿＿＿＿

答案

1. 10

2. 189

3. 10

4. 第五修正案（108字；第六修正案為81字）

5. 第八修正案（16字）

6. 由您自己選擇

7. 第十修正案

8. 第八修正案

9. 第五修正案（正當程序條款）

10. 第一修正案

11. 引起暴亂；侵犯他人權利；國家安全

12. 第五修正案

13. 誹謗、道聽途說、煽動暴亂；洩露國家機密，危及生命

第十一至第二十七修正案

下文簡要概述了其餘的17項修正案。令人稱奇的是，《憲法》在實施225年以後，只增加了17項修正案。這本身就是對國父們智慧和學識的褒獎。

第十一至第二十七修正案

第十一修正案——訴訟

一個州不能被其它州的人起訴，除非自己同意

第十二修正案——選舉人團的兩張選票

選舉人團使用兩張選票，一張選總統，一張選副總統。

第十三修正案——廢除奴隸制

這項修正案廢除了奴隸制。正在受懲罰的罪犯除外。

第十四修正案——在美國出生

在美國出生的人，享有完全的公民權。

第十五修正案——投票權

不得因某人種族、膚色或先前強制勞役，而剝奪其投票權。

第十六修正案——所得稅

美國政府有權徵收個人所得稅。

第十七修正案——選舉參議員

參議員由各州人民直選，而不再由各州立法機構任命。

第十八修正案——禁止酒類飲料

禁止生產、運輸和銷售致醉酒類飲料。

第十九修正案——婦女投票權

這項修正案，賦予了婦女投票權。

第二十修正案——縮短就職等待期

把新國會議員的就職等候時間，從13個月減少為2個月。

第二十一修正案——允許酒類飲料

廢除第十八修正案，賦予各州管控酒類飲料的所有權力。

第二十二修正案——限定總統任期

這項修正案限定，總統最多連任兩屆。

第二十三修正案——華盛頓特區選舉人

華盛頓特區居民，有權為總統選舉指定選舉人。

第二十四修正案——不須納稅亦可投票

不能因某人拖欠稅款，而剝奪其投票權。

第二十五修正案——更換總統

這項修正案規定，如果總統或副總統去世或被罷免，應該
如何更換。

第二十六修正案——滿十八歲即可投票

每個滿18歲的美國人，都有投票權。

第二十七修正案——國會議員的加薪

給參眾兩院議員漲的薪水在下次選舉之後，方可有效。
這樣議員更難自己給自己加薪。

消除自由的敵人

1789年，國會議員們和總統喬治·華盛頓根據新制定的《憲法》首次就職，這時，國父們成功地完成了一項艱鉅的任務：永遠廢掉了自由的七大敵人。但是這裡的前提是《憲法》必須保持完整，並且得到捍衛、尊重和遵守。《憲法》如何廢掉自由的七大敵人呢？

1. 廢除了獨裁者：國父們通過把政治權力，均衡地分配到了所有人手中，防止美國出現暴君式的獨裁。同時，他們還很詳細規定了政府要執行的每項職責。

2. 廢除了等級制度：沒有人享有特權，但是人人在國會都有自己的代表。

3. 廢除了「共產」制度：「共產」當時的名字叫做「平均主義」或「均貧富」，通過保護人民獲得、開發和出售財產的權利，國父們廢除了「平均主義」。

4. 最低限度的監管：這項權力在於國會，而國會必須對選民負責。

5. 有限的政府強制力：政府維持社會秩序和爭議而需要的強制力受到人民自己的掌控，當然這裡三權之一的法院系統也提供了協助。

6. 信息流通：保障了言論、出版、請願和結社自由，並要求政府定期提供報告，來保障人民的知情權。

7.保障權利：為了讓天賦給人的權利不被侵犯，國父們規定，但凡賦予聯邦政府的權利，都不能超過人民擁有的權利，換句話說，就是「如果一個事，老百姓不能做，那政府也不能做！」，政府不比老百姓高。

自由，就是人民有能力享有其天賦人權，並且可以控制和改變政府。

輕鬆理解
《美國憲法》

《憲法》序言

國父們的宗旨

您已經閱讀了《憲法》序言和七章正文，本練習將幫您吸收重點信息。

有位智者曾經說過：「如果你不提問，你將永遠聽不到答案。」

《憲法》中蘊含著國父們的智慧，大部分人看不到，是因為他們沒有提問。下面的練習題，可為您開啟探索和發現之旅。

在《憲法》的序言裡，國父們列出了政府的幾個目標。他們希望政府的所有行動，都是在努力達成這些目標。

測試自己

有用的細節

閱讀《憲法》序言，並回答以下問題(參見第122頁)。

1.根據序言第一句，所有國家權力屬於誰？

____

2. 從序言中看，美國人民希望實現多少個目標？ _________

3. 請列出序言中所提到的六個主要目標：

    a.

    b.

    c.

    d.

    e.

    f.

4.《憲法》旨在更完美地團結誰，以建立一個「更完善的聯邦」？

____

5.每個美國人的生命和自由，都受到平等的保護。這是確立司法正義的積極成果。請舉例說明，什麼是不平等保護或不平等正義。

____

6. 美國人依賴誰來維護和平、安全以及「國內安寧」？

    a. 在國家層面？ _________________________________

    b. 在地方層面？ _________________________________

7.喬治·華盛頓、本傑明·富蘭克林等人說，要確保和平和提供國防，唯一的辦法就是時刻備戰。美國對誰「時刻備戰」？

列舉兩個外部敵人：

a.

b.

列舉兩個內部敵人：

c.

d.

8.序言中的「促進全民福祉」，指的是將國家資源用於提升全國人民的福祉。您能舉出兩個例子嗎？已經為您提供了兩個。

a. 強大而且發展良好的軍隊

b. 保護版權和專利的法律體系

c.

d.

9.自由之福。塞繆爾·亞當斯說：「即使是最明智的《憲法》，最聰明的法律，都無法保障一個道德敗壞民族的自由和幸福。」美國人正在失去自由嗎？美國人「道德敗壞」了嗎？請談談您的看法。

____

____

答案

1. 我們美國人民

2. 6

3. 建立一個更完善的聯邦，樹立正義，確保國內安寧，提供共同防務，促進全民福祉，得享自由之福

4. 各州

5. 暴民不經審判濫用私刑；富人花錢免於審判；政客偏袒親友和保護主義等。

6. a. 軍隊、國民警衛隊、聯邦調查局、聯邦法院系統、穩定的聯邦政府

   b. 警察、消防部門、州民兵、穩定的地方政府

7. a和b：伊斯蘭恐怖分子；俄羅斯；北韓；ISIS/ISIL；毒梟，身份盜竊者等。

   c和d：市區幫派；毒梟；有組織犯罪；重罪犯；叛徒等。

8. a和b：任何不直接造福全國的支出，例如在一個州的建設項目、向某些人提供而其他人無法獲得的聯邦貸款。食品券和醫療補助金是「特定福利」支出，等等。

9. 您的看法

記憶小竅門

如何記住《憲法》序言？

序言總結了《憲法》承諾實現的六個目標，我們應該認真記住它。你覺得在今天的美國，這六項承諾仍然完好無損嗎？在序言中找出答案吧。以下是用手勢來記住序言內容的一種訣竅。

開始 - 我們美國人民

訣竅：舉起左手，張開五指。您的五指代表「我們美國人民」。

承諾#1： 建立一個更完善的聯邦

訣竅：將手指合攏，握成拳頭，就像捏泥巴一樣。

訣竅：握起左拳，右手指向結婚戒指，象徵「更完美的聯邦」。

承諾#2： 樹立正義

訣竅：這是由治安官主持的合法婚姻嗎？把拳頭張開呈杯狀，再舉起另一隻手呈杯狀，代表正義天平的兩邊，模擬「樹立正義」。

承諾#3： 確保國內安寧

訣竅：是的，你們的婚姻是合法的！現在，你把雙掌合在一起，放在頭下，您可以高枕無憂了，因為您已經確保「國內安寧」。

承諾#4： 提供共同防禦

訣竅：您在家安睡時，突然聽到了玻璃破碎的聲音——小偷要闖進您家！您雙手握拳，「提供共同防禦」。

承諾#5： **促進全民福祉**

訣竅：一場虛驚，原來是電視沒關。你鬆開拳頭，張開手，掌心朝上。您看到雙手各有三根看起來像W字母樣的手指嗎？這提示您促進「全民福祉」（General Welfare）。

承諾#6a： **得享自由之福**

訣竅：十指相扣，像祈禱一樣，把您的「祝福」牢牢握在手中，「得享自由之福」。

承諾#6b： **造福自己及後代**

訣竅：雙手放在心臟位置，然後伸手去抱您的孩子。國父們希望這部《憲法》能夠世代傳承，歷久彌新，造福「我們自己及後代」。

第一章 立法部門

立法部門

　　國父們認為立法是政府最重要的職能。他們把這項工作交給了國會，並使其成為新國家制度的核心驅動器。

　　但是，他們並不希望國會成為一個至高無上的權力部門。他們把這些有限的權力列成一個清單，加上內部的制衡機制，來約束國會。他們還限制了州的權力，防止各州把新國家制度複雜化。

請閱讀《憲法》第一章，然後回答以下問題。

第一節

1. 誰擁有所有立法權？ ＿＿＿＿＿＿＿＿＿＿

2. 請列出立法部門的兩個議院。

    a.

    b.

第二節

1. 眾議員任期多長？ ＿＿＿＿＿＿

2. 眾議員的最低年齡是？ ＿＿＿＿＿＿

3. 哪個議院擁有唯一的彈劾權？ ＿＿＿＿＿＿

第三節

1. 參議員任期有多長？ ＿＿＿＿＿＿

2. 參議員的最低年齡是？ ＿＿＿＿＿＿

3. 每兩年有占比多少的參議員改選？ _________

4. 哪個議院擁有彈劾案的唯一審判權？ _________

5. 參議院對被彈劾官員最嚴厲的處罰是什麼？ _________

第四節

1. 國會是否可以強迫各州在某一天選舉？ _________

第五節

2. 國會是否可以強迫議員參加會議？ _____

3. 在國會開會期間，兩院在休會超過三天之前，必須獲得什麼？ _________

第六節

1. 在國會開會期間，眾議員是否可以因犯輕罪而被捕？

____

2. 現任議員是否可以同時擔任政府其它職務？ _________

第七節

1. 哪個議院直接負責和監督「增稅」這樣的事？ ———

2. 總統否決（拒絕）的法案，要想成為法律，需要國會兩院多少比例的贊成票？

第八節

本節至關重要。它列出了授予國會的20項權力。其中許多權力容易被濫用，因此國父們在《憲法》中加入了必要的保護措施，以防止人民因為政府使用這些權力而喪失自己的權利，這就是《憲法》內在的制衡機制。

請找出下面每一款的主要權力，並在下面列出來。有的已經
為您做好了。

1. 第一款，徵稅權

2. 第一款，支出權

3. 第二款，

4. 第三款，

5. 第四款，制定入籍和移民規則

6. 第四款，制定破產法

7. 第五款，

8. 第五款，

9. 第六款，

10. 第七款，

11. 第八款，

12. 第九款，

13. 第十款，

14. 第十一款，

15. 第十二和十三款，組建軍隊並為之撥款

16. 第十四款，

17. 第十五款和第十六款，徵召州民兵

18. 第十七款，管理華盛頓特區 (政府所在地)

19. 第十七款，管理聯邦擁有的土地

20. 第十八款，

第九節

在歷史上，國王、統治者和總統都曾經受過約束。不過，《美國憲法》可能是歷史上首次對立法部門也做出約束。第九節有九項約束，請在下面一一列出，有幾項已經為您填好了。

1.第一款，國會不得阻止奴隸進口（在1808年前）

2.第二款，

3.第三款，

4.第四款，不得徵收人頭稅或直接稅

5.第五款，禁止對各州輸出的商品課稅或徵收關稅。

6.第六款，

7.第七款，

8.第八款，禁止授予貴族爵位

9.第八款，在美政府任職者，未經國會許可，不得接受外國禮物或職位。

第十節

國父們在本節以兩種方式約束各州。第一款列出了絕對禁止各州做的事情。第二款和第三款，列出了在獲得國會許可之後，各州可做的事情。

第一款：請列出各州不可做的九件事。其中有些已經為您填好了。

1.不得締結任何條約

2.

3.

4.

5.

6.不得通過剝奪公民權的法案

7.

8.不得通過損害契約義務的法案

9.

第二款：州是否可以向其它州的貨物，徵收跨州銷售稅？

——————————

第三款：是否允許州和其它國家交戰？ ——————————。在什麼
情況下不受此限？ ________________________________

答案

第一節

1. 國會

2. 眾議院；參議院

第二節

1. 2年

2. 25歲

3. 眾議院

第三節

1. 6年

2. 30歲

3. 1/3

4. 參議院

5. 罷免

第四節

1. 是

第五節

1. 是

2. 另一院的許可

第六節

1. 否

2. 否

第七節

1. 眾議院；參議院

2. 三分之二

第八節

1. 徵稅權

2. 支出權

3. 借款權

4. 監管商業

5. 制定入籍和移民規則

6. 制定破產法

7. 鑄幣、釐定其價值

8. 確定度量衡標準

9. 懲罰偽造證券和貨幣者

10. 建立郵局和郵政道路

11. 保護版權和專利

12. 設立最高法院之下的各級法院

13. 懲罰國際罪犯

14. 宣戰

15. 組建軍隊並為之撥款

16. 制定美軍交戰規則

17. 徵召州民兵

18. 管理華盛頓特區 (政府所在地)

19. 管理聯邦擁有的土地

20. 制定執行這些權力的一切必要法律

第九節

1. 國會不得阻止奴隸進口（在1808年前）。

2. 不得中止人身保護令。如果一個人被關進監獄，他的律師可以向法官請求一份法令，以會見當事人，審視是否有正當理由將其關押。所謂「法令」，就是法院命令。「人身保護令」(Haheas Corpus)」(拉丁語-譯者注) 意思是「你掌握這個人」，和「法令」結合起來的意思是，「這個人在你手裡，需要讓他出來接受法律審查」。

3. 不得通過可追溯既往的法案。

4. 不得徵收人頭稅或其它直接稅。

5. 禁止對各州輸出的商品課稅或徵收關稅。

6. 聯邦監管不得偏向任何一個州。

7. 沒有國會的批准，不得從國庫提取任何款項。

8.第八款，禁止授予貴族爵位

9.第八款，在美政府任職者，未經國會許可，不得接受外國禮物或職位。

第十節

第一款

1. 不得締結任何條約

2. 不得頒發捕獲敵船的許可狀

3. 不得鑄幣

4. 不得發行信用票據

5. 不得用金、銀幣以外之物來償還債務

6. 不得通過剝奪公民權的法案

7. 不得通過可追溯既往的法案

8. 不得通過損害契約義務的法案

9. 不得授予貴族爵位

第二款

否

第三款

否；在遭受實際入侵或迫在眉睫的危險時

第二章 行政部門

　　國父們的初衷，是謹慎地限制聯邦政府的權力，特別是總統的權力。如今，總統已成為世界上權力最大的政治職位。國會和司法部門仍在發揮著制衡作用，防止總統擴權到《憲法》之外。

第一節

1.第一款：總統任期多長？＿＿＿＿＿＿

2.第一款：誰負責執行國會通過的法律？＿＿＿＿＿＿＿＿＿＿＿＿＿＿＿＿＿＿＿＿＿＿＿＿

3.第二款：每個州可選派多少名選舉人，來正式選舉總統？

＿＿＿＿＿＿＿＿＿＿＿＿＿＿＿＿＿＿＿＿＿＿＿

4. 第三款：由誰決定總統選舉的日期？＿＿＿＿＿＿＿

5. 第四款：在美國永久定居的外國人，可以擔任總統嗎？

＿＿＿＿＿＿＿＿＿＿＿＿＿＿＿＿

第二節

1.第一款：總統負責哪兩方面的防禦？＿＿＿＿＿＿＿

2.第二款：總統可以在未經參議院同意的情況下，和其它國家締結條約嗎？＿＿＿＿＿＿＿

第三節

1. 總統是否必須向國會提交國情咨文？＿＿＿＿＿＿

2.總統是否可以合法地無視國會通過的法律，並且不「忠實執行」該法律？＿＿＿＿＿＿

第四節

總統可能被免職的個原因是什麼？

——————，——————，——————

《憲法》規定的總統六項職責：

1.三億多美國人的國家元首。

2.兩百多萬現役和預備役軍人的總司令。

3.行政部門的首席執行官。

4.處理外交關係的首席外交官。

5.必要立法的首席設計師。

6.國家的良心。在他認為需要匡扶正義時，給予赦免和緩刑。

此外，國會還給行政部門增加了幾十項額外職責，涉及許多監管機構，總預算高達數千億美元。

答案

第一節

1. 4 年

2. 行政部門，總統

3. 等於本州在國會的眾議員和參議員總數

4. 國會

5. 否

第二節

1. 陸、海軍；州民兵

2. 否

第三節

1. 是

2. 否

第四節

1. 叛國、賄賂、其它重罪和輕罪

第三章 司法部門

最高法院是《憲法》的守護者，負責審查新法律，確保它們不違反《憲法》的規定。

公正的法院系統是成功自治的關鍵。它在國父們創建的制衡體系中，發揮著至關重要的作用。

第一節

1.《憲法》設立了最高法院。誰負責在全美設立下級法院？

____

2.如果法官「表現良好」，他們就可以任職多長時間？

____

第二節

1.第一款和第二款：如果人民對《憲法》有疑問，是否可以提交聯邦法院裁決？

____

2. 第一款和第二款：列出聯邦法院負責審理的四類案件：

    a.

    b.

    c.

    d.

3.第三款：所有罪行的審判都應由陪審團進行，但以下情況除外：

____

4.第三款：應該在發生犯罪行為的州內審判被告。為什麼要這樣做？（提示：考慮旅行、證人、費用等因素）

____

第三節

1.第一款：叛國罪是唯一在《憲法》中明確界定的罪行。請列出兩種叛國行為。

    a.

    b.

2.第一款：對於叛國罪，必須有多少個證人才能定罪？

____

3. 第二款：誰有權決定對叛國罪的懲罰？_______________________

答案

第一節

1. 國會

2. 終身

第二節

1. 是

2.法律與條約、美國大使和公使、海事事務、各州之間、不同州公民之間、美國政府和各州之間等等。

3. 彈劾

4. 使證人和家人參加訴訟最方便，而且花費最少。

第三節

1. 對美國發動戰爭；向美國的敵人提供幫助和安慰

2. 兩個

3. 國會

第四章 州權

國父們的首要任務是管住聯邦政府。為了實現這一目標，他們創建了三個政府部門，並且謹慎地加以制衡，使它們能夠互相配合，防止濫用權力。下一個巨大的任務，是讓各州合作。國父們通過一些「國家化」的規則做到了這一點。這些規則既使每個州都變得強大，又能在共同的事項上團結一致，成為真正的聯邦。

有關當初劃分各州領土的更多信息，請參閱1787年國會通過的《西北法令》(Northwest Ordinance)。

第一節

1.各州是否必須承認其它州的法案？ ____________________

____

2.列出三個各州互相承認的法案（已提供一個）。

    a.結婚許可（法案）。

    b.

    c.

第二節

1.第一款：司機在另一個州使用有效駕駛執照，是享有和幾個州公民相同的<u>特權</u>還是<u>豁免權</u>的一個例子？（圈選下劃線中的一個）。

2.第二款：一個逃犯是否可以在另一個州避難以逃避追捕？

____

有趣的說明：如果一位州長認為，一個藏匿在本州的逃犯如被遣返，會受到不公平和不人道的待遇，那麼，這位州長可以拒絕遣返（引渡）此逃犯。從《憲法》中的措辭看，當一州要求另一州引渡逃犯時，後者必須照辦。但最高法院認為，法院不能強迫州長引渡逃犯。

第三節

1. 第一款：是否可以接納新的州？ _________

2. 第一款：是否可以在未經州議會批准的情況下，在州內創建新州？ _________

3. 第一款：是否可以在未經各州議會同意的情況下，把兩個州或多個州的部分領土合併成為一個州？ _________

4. 第二款：誰擁有處置美國領土和財產的唯一權力？ _________
____

有趣的說明：當總統吉米·卡特（Jimmy Carter）放棄巴拿馬運河時，許多人認為他違反了《憲法》第四章第三節，因為他沒有獲得眾議院的許可。

第四節

1. 美國確保各州採用哪種政府體制？ _________________________
2.「共和制」的含義是什麼？ _________________________

答案

第一節

1. 是

2.駕駛執照、政府認可的大學學位、財產所有權、領養、欠州稅/已繳納州稅、債務、保險、銀行貸款、支票帳戶、儲蓄等。

第二節

1. 特權

2. 否

第三節

1. 是

2. 否

3. 否

4. 國會

第四節

1. 共和制

2. 人民選派代表來管理國家

第五章 修憲

　　詹姆斯·麥迪遜（James Madison）說，國父們希望，他們的繼任者能夠「完善和延續」《憲法》。然而，他們擔心，他們精心設計的分權、制衡和有限政府體制，可能會因為粗心大意或草率地干涉而遭到破壞。因此，他們把修改《憲法》的程序，設計得既繁瑣又縝密，這是為了防止隨波逐流的民意，扼殺應該永恆不變的自由原則。

1.美國人民是否可以修改《憲法》？ ＿＿＿＿＿＿

2.參眾兩院必須有多少議員同意，才能通過提議的修正案？

＿＿＿＿＿＿＿＿＿＿＿＿＿＿＿＿＿＿＿＿

3.必須有多少個州議會核准提議的修正案，才能使其成為法律？

＿＿＿＿＿＿＿＿＿＿＿＿＿＿＿＿＿＿＿＿

4.如國會拒絕考慮一項修正案，各州是否可以聯合提出修正案？

＿＿＿＿＿＿＿＿＿＿＿＿＿＿＿＿＿＿＿＿

5.需要多少個州同意，才能召開制憲會議提出修正案？

＿＿＿＿＿＿＿＿＿＿＿＿＿＿＿＿＿＿＿＿

6.在制憲會議上通過的修正案，是否會自動成為法律？

＿＿＿＿＿＿＿＿＿＿＿＿＿＿＿＿＿＿＿＿

7.在制憲會議上通過的修正案，還必須有多少個州核准，才能成為法律？ ＿＿＿＿＿＿＿＿＿＿＿＿＿＿＿＿

答案

1. 是
2. 三分之二
3. 四分之三
4. 是
5. 三分之二
6. 否
7. 四分之三

第六章 《憲法》至上、債務、宣誓

　　國父們願意向銀行和債權人保證，他們的新政府，將償還在獨立戰爭期間欠下的所有債務。他們還想用書面的形式，闡明《聯邦憲法》、聯邦條約和聯邦法律，高於州憲法和州法律。用直白的話說，就是聯邦法如果和州法衝突，聯邦法更大。

1. 第一款：新美國政府願意還清多少債務？ ＿＿＿＿＿＿＿＿
＿＿＿＿＿＿＿＿

2. 第二款：國家的最高法律是哪份文件？ ＿＿＿＿＿＿＿＿
＿＿＿＿＿＿＿＿

3. 第三款：《憲法》剛剛通過的時候，有很多美國人更忠誠於自己的州，而不是聯邦。國父們要求每個聯邦官員做什麼，來提醒他們首先要忠於《聯邦憲法》？ ＿＿＿＿＿＿＿＿
＿＿＿＿＿＿＿＿

4. 第三款：美國人要擔任聯邦職位，是否必須通過宗教測試？
＿＿＿＿＿＿＿＿＿＿＿＿＿＿＿＿＿＿＿＿＿＿＿＿

答案

1. 所有

2.《美國憲法》

3. 宣誓或確認

4. 否

第七章 批准

　　《邦聯條例》的一個最大障礙，就是要在採取任何行動之前，必須先得到所有13個州的支持。這意味著，任何一個州都有能力通過投否決票，來破壞其它州不論多麼辛勤的工作。這一政策造成了太多工作遲滯，搞得什麼事都做不成，而獨立戰爭又不得不打。

　　國父們認為，要及時獲得各州的一致支持，實在是太難了。他們不希望看到戰爭年代的問題重現。

　　因此，他們規定只需獲得超級多數票，即可批准《憲法》。經正式商定，最初的十三個州中，只需有九個州的支持，即可使《憲法》成為美國的法律。

1. 需要多少個州同意，才能使《憲法》成為法律？＿＿＿＿＿＿
2. 最後一段：國父們完成並簽署了《憲法》，是在哪一天？

____

答案

1. 9

2. 1787年9月17日

《美國憲法》的歷史常識

歷史常識

制憲的目的：規定如何共同防禦、保護人權、建立代議制政府。

制憲者：來自最初十三個州的代表。

用紙：共四張紙，每張28-3/4英吋×23-5/8英吋。

文字：4,379個字（包括簽名等在內，共4,609個字）。如果再加上27個修正案，共7,591個字。

章節數：7

修正案數：27

制憲會議：1787年5月25日至9月17日，會址是賓夕法尼亞州大廈，現在叫獨立大廳。

簽署者：共有55位代表簽署。

制憲會議通常有42位代表出席。

在1787年9月17日，只有39位代表簽了名，

另外3位代表，在有了《權利法案》之後才簽署。

批准《憲法》的九個州：

特拉華州—1787年12月7日

賓夕法尼亞州—1787年12月12日

新澤西州—1787年12月18日

喬治亞州—1788年1月2日

康涅狄格州—1788年1月9日

麻薩諸塞州—1788年2月6日

馬里蘭州—1788年4月28日

南卡羅來納州—1788年5月23日

新罕布希爾州—1788年6月21日

1788年6月21日，《憲法》正式確立。

隨後加入的州：

 弗吉尼亞州（1788年6月25日）

 紐約州（1788年7月26日）

 北卡羅來納州（1789年11月21日）

 羅德島州（1790年5月29日）

批准所花時間：從簽署到第九個州批准，歷時9個月。

簽署：1787年9月17日

批准：1788年6月21日

第一屆國會就職：1789年3月4日

第一任總統就職：喬治·華盛頓，1789年4月30日

最高法院首次開庭：1790年2月2日

第二任總統就職：約翰·亞當斯，1797年3月4日

重要日期

1775年4月19日：列克星敦之戰，獨立戰爭爆發。

1776年7月4日：國會通過《獨立宣言》。

1777年11月15日：制定《邦聯條例》。

1781年3月1日：《邦聯條例》獲得批准。

1781年10月19日：康沃利斯在約克鎮投降，英國的軍事行動和戰爭結束。

1783年9月3日：簽署《巴黎條約》，英國承認殖民地獨立。

1787年5月25日：制憲會議在費城召開，討論修改《邦聯條例》。

1787年7月13日：國會通過《西北法令》。

1787年9月17日：12個州的代表團全部批准《憲法》，制憲會議正式休會。

1788年6月21日：新罕布希爾州成為第9個批准《憲法》的州，《憲法》在批准的州生效。

1789年3月4日：根據《憲法》，第一屆國會的議員們在當時的美國首都紐約市就職。

1789年4月30日：美國第一任總統喬治·華盛頓就職。

1789年6月8日：詹姆斯·麥迪遜在眾議院提出《權利法案》。

1789年9月24日：國會設立最高法院、13個地方法院、3個特設巡迴法院，以及司法部長職位。

1789年9月25日：國會批准12個修正案，並把它們送交各州批准。

1790年2月2日：最高法院首次開庭。2月1日曾嘗試開庭，沒有開成。

1791年12月15日：弗吉尼亞州批准《權利法案》。12個提議的修正案中，已有10個成為《憲法》的一部分。

養成一個好習慣

銘記自由在美國是如何運作的關鍵，是經常用《憲法》和《獨立宣言》的原則，監督今天政治家的行為。這是根據這兩個建國文件的承諾，確保人權得到尊重的最佳方式。

每年選兩天閱讀

很多美國人會每年選擇一個特定日子，從頭到尾重新閱讀這些文件。我們在前幾頁已經了解，即使是大聲朗讀，也不會需要太多時間。

每年的7月4日，是閱讀《獨立宣言》的好日子。在1776年的這一天，在賓夕法尼亞州費城的獨立大廳裡，國父們為了國家，簽署了這份文件，把他們的生命、財富和神聖的榮譽，置於重大的危險之中。

每年的9月17日，也是從頭到尾閱讀《憲法》的一個好日子。在1787年的這一天，美國自治和自由的偉大實踐開始了。這是一個重要的生日，值得世界上所有追尋自由的人們慶祝。

《獨立宣言》和《美國憲法》全文

《獨立宣言》和《憲法》的文本，來自美國國家檔案館官方網站

www.archives.gov

《獨立宣言》

大陸會議，1776年7月4日。

美國十三個州一致發布如下宣言：

在人類事務的發展過程中，當一個民族必須解除和另一個民族的政治聯繫，並在世界各國中，享有創世主和自然法則賦予的獨立和平等地位時，出於對人類輿論的尊重，他們必須公開宣布他們不得不獨立的原因。

我們認為，以下真理是不證自明的：人人造而平等，創世主賦予了他們一些不可剝奪的權利，其中包括生命權、自由權和追求幸福的權利。為了保障這些權利，人民相約建立了政府，而政府的正當權力，來自被治理的人民的認同。因此，當任何形式的政府一旦破壞了這些原則，人民就有權改變或廢除它，並且基於最有可能讓人民獲得安全和幸福的原則，來建立新的政府。確實，審慎讓人們不會讓運行多年的政府，因為輕微和短暫的問題而被更換，過去的一切經驗也都表明，任何苦難，只要是還能夠忍受，人們都寧願忍受，而無意為了維護自身的權益，就廢除他們早已習慣的政府。但是，當政府一貫濫用職權，強取豪奪，並一成不變地追逐這一目標時，就足以證明政府企圖把人民置於專制統治之下。如果這樣，人民就有權利，也有義務推翻這樣的政府，並為他們未來的安全建立新的保障。殖民地人民過去一直在這樣逆來順受，現在他們才迫不得已改變以前的政府制度。當今英國國王的歷史，是一再傷害和強取豪奪的歷史，其直接目的，就是想在這些州建立專制暴政。為了證明所言屬實，現將以下事實公諸於世。

[1]他（英王，下同）拒絕批准對公眾最有益、最必要的法律。

[2]他禁止他的總督們批准急需且至關重要的法律，或把這些法律擱置，等待他的批准。而一旦擱置這些法律，他就完全置之不理。

[3]他拒絕批准便利廣大地區人民的其它法律，除非人民情願放棄在立法機關中的代表權。這種權利對人民來說價值無量，只有暴君才害怕這種權利。

[4]他把各地的立法機構召集到既不方便、也不舒適、遠離它們公共檔案庫的地方開會，唯一的目的，是讓民意代表疲於奔命，不得不順從他的旨意。

[5]他一再解散各殖民地的議會，因為他們勇敢、堅定地反對他侵犯人民的權利。

[6]他解散各殖民地議會後，又長期拒絕另選新議會。但立法權是無法取消的，它又回到了廣大人民手中來行使。此時，各殖民地險象環生，既有外來侵略之患，又有發生內亂之憂。

[7]他竭力阻止各殖民地增加人口。為此，他阻撓《外國人入籍法》的通過，拒絕批准其它鼓勵外國人移居各殖民地的法律，並提高分配新土地的條件。

[8]他拒絕批准確立司法權的法律，借以阻礙司法公正。

[9]他控制法官的任期、薪酬數額和支付，以這些條件來強迫法官聽命於他。

[10]他濫設新官署，派遣大批官員，騷擾我們人民，蠶食民

脂民膏。

[11]他在和平時期，未經我們的立法機關同意，就在我們中間駐扎常備軍。

[12]他力圖使軍隊獨立於文官政府之外，並凌駕於文官政府之上。

[13]他和一些人勾結，把我們置於既不符合我們體制，又未經我們法律承認的管轄制度之下。他還批准那些人炮製的各種偽法案，來達到以下目的：

[14]他授權在我們中間駐扎大批武裝部隊；

[15]他授權用假審判來包庇他們，使他們在殺害殖民地居民後，可以逍遙法外；

[16]他授權切斷我們和世界各地的貿易；

[17]他授權未經我們同意，就向我們強行徵稅；

[18]他授權在許多案件中，剝奪了我們享有陪審團審判的權益；

[19] 他授權編造罪名，押送我們到海外受審。

[20]他授權在一個鄰近地區（英屬加拿大魁北克），廢除英國的自由法制，在那裡建立專制政府，並擴大它的疆界，企圖使它立即成為一個樣板和得心應手的工具，以便向這裡的各殖民地推行同樣的專制統治。

[21]他授權取消我們的特許狀，廢除我們最寶貴的法律，並且從根本上改變了我們的政府形式。

[22]他中止我們自己的立法機關，宣稱他們有權在任何情況下

作者註：《宣言》控訴的每項罪行，前面括號中的數字，只是為方便查閱而添加，並非《宣言》原文的一部分。

為我們立法。

[23]他放棄了在這裡的政務，宣布不再保護我們，並向我們開戰。

[24]他在我們的海域大肆掠奪，蹂躪我們的沿海地區，焚燒我們的市鎮，殘害我們人民的生命。

[25]此時，他正在運送大批外國僱傭兵，來行屠殺、破壞和暴虐之惡。這種惡事早已開始，其殘酷和卑劣的程度，在最野蠻的時代也難找到先例。他完全不配做一個文明國家的元首。

[26]他在公海上抓捕我們的同胞，強迫他們拿起武器，反對自己的國家，成為屠殺自己親人和朋友的劊子手，或死在自己的親人和朋友手裡。

[27]他在我們中間煽動內亂，並竭力挑唆殘酷無情的邊疆居民——印第安人，殺掠我們的人民。眾所周知，印第安人的作戰規則，是不分男女老幼，一律格殺勿論。

在這些壓迫的每一階段，我們都以最謙卑的言辭請求糾正。但是，我們屢次的請求，得到的卻是一再的傷害。當一個君主的品行，都帶有暴君的特徵時，就不配做自由人民的管治者。

我們也在顧念我們英國的弟兄。我們時常警告他們，他們的立法機關，企圖對我們強加無理的管轄權；我們也提醒過他們，我們移民和在這裡定居的情況；我們也曾呼喚他們天生的正義感和寬廣胸懷，懇求他們念在同種同宗的份上，放棄這些掠奪行為，以免影響彼此的關係和往來。但是，他們對這種正義和血緣的呼聲，一直充耳不聞。因此，我們不得不宣布和他們分離，並以對待其它民族的態度對待他們：戰則為敵，和則為友。

因此，我們，集合在大陸會議的美國代表，經各殖民地善良人民授權，並以他們的名義，懇請全世界最崇高的正義，正確對待我們的意願。同時鄭重宣布：這些聯合起來的殖民地，從此名正言順地成為自由和獨立的國家；它們不再效忠於英國王室，它們和英國之間的一切政治關係，從此全部解除，而且必須解除；作為自由獨立的國家，它們完全有權宣戰、締和、結盟、通商，以及採取獨立國家有權採取的一切行動。為了支持這篇宣言，我們堅定信賴創世主的庇佑，謹以我們的生命、財產和神聖的榮譽，相互保證，共同宣誓。

《獨立宣言》的56個簽名
（按照在文件中出現的順序排名）

喬治亞州：

巴頓·格溫內特

萊曼·霍爾

喬治·沃爾頓

北卡羅來納州：

威廉·胡珀

約瑟夫·休斯

約翰·佩恩

南卡羅來納州：

愛德華·拉特利奇

小托馬斯·海華德

小托馬斯·林奇

亞瑟·米德爾頓

麻薩諸塞州：

約翰·漢考克

馬里蘭州：

塞繆爾·蔡斯

威廉·帕卡

托馬斯·斯通

查爾斯·卡羅爾

（來自卡羅爾頓）

弗吉尼亞州：

喬治·懷特

理查德·亨利·李

托馬斯·傑斐遜

本傑明·哈里森

小托馬斯·納爾遜

弗朗西斯·萊特弗特·李

卡特·布拉克斯頓

賓夕法尼亞州：

羅伯特·莫里斯

本傑明·拉什

本傑明·富蘭克林

約翰·摩頓

喬治·克萊默

詹姆斯·史密斯

喬治·泰勒

詹姆斯·威爾遜

喬治·羅斯

特拉華州：

凱撒·羅德尼

喬治·里德

托馬斯·麥基恩

紐約州：

威廉·弗洛伊德

菲利普·利文斯頓

弗朗西斯·路易斯

路易斯·莫里斯

新澤西州：

理查德·斯托克頓

約翰·威瑟斯普恩

弗朗西斯·霍普金森

約翰·哈特

亞伯拉罕·克拉克

新罕布希爾州：

約西亞·巴特萊特

威廉·惠普爾

麻薩諸塞州：

塞繆爾·亞當斯

約翰·亞當斯

羅伯特·特里特·佩恩

埃爾布里奇·傑里

羅德島州：

史蒂芬·霍普金斯

威廉·埃勒里

康涅狄格州：

羅傑·謝爾曼

塞繆爾·亨廷頓

威廉·威廉斯

奧利弗·沃爾科特

新罕布希爾州：

馬修·桑頓

《美國憲法》

我們美國人民，為建立一個更完善的聯邦，樹立正義，確保國內安寧，提供共同防務，促進全民福祉，使我們自己及後代得享自由之福，特制定並確立本《美國憲法》。

第一章

第一節

本《憲法》把所有立法權都賦予美國國會。國會由參議院和眾議院組成。

第二節

眾議院由各州人民選出的眾議員組成，每兩年選一次。各州選舉人，須與此州人數最多議會（州眾議院）的選舉人資格相同。

凡年齡未滿二十五歲，成為美國公民未滿七年，以及當選時不是參選州之居民者，不得擔任眾議員。

[眾議員名額及直接稅稅額，應按美國所轄各州的人口數量分配。各州人口數，按自由人口總數，再加上所有其他人口（主要指黑奴）的五分之三確定。自由人口總數，包括按契約服一定年限勞役的人，但不包括未被徵稅的印第安人][1]。

人口的統計，應按照法律規定的方式，在美國國會首次會議後的三年內進行，此後每十年做一次。每三萬人最多選出

---

1. 根據第十四修正案第2節修改。

一名眾議員，但每州至少應選出一名眾議員。在進行上述人口統計前，新罕布希爾州有權選出三名眾議員，麻薩諸塞州八名，羅德島和普羅維登斯種植園一名，康涅狄格州五名，紐約州六名，新澤西州四名，賓夕法尼亞州八名，特拉華州一名，馬里蘭州六名，弗吉尼亞州十名，北卡羅來納州五名，南卡羅來納州五名，喬治亞州三名。

任何一州的眾議員出現空缺時，該州的行政當局應頒布選舉令，以填補空缺。

眾議院應選出議長和其他官員，並擁有唯一的彈劾權。

第三節

美國參議院由每州兩名參議員組成，[由各州議會選出][2]。參議員任期六年，每名參議員有一票表決權。

參議員在第一次選舉後開會時，應儘可能平均分為三組。第一組參議員應於第二年年終屆滿，第二組應於第四年年終屆滿，第三組應於第六年年終屆滿。這樣，每二年可改選三分之一的參議員。[如果在任何州議會休會期間，因辭職或其它原因而出現空缺，該州的州長可任命臨時參議員。待州議會下次開會時，再填補該空缺。][3]

凡年齡未滿三十歲、獲得美國公民資格未滿九年、以及當選時不是參選州之居民者，不可擔任參議員。

美國副總統出任參議院議長，但無投票權，除非投票出現贊成和反對票數相等的情況。

---

2. 根據第十七修正案修改。　　3. 根據第十七修正案修改。

參議院應選出該院的其他官員，並在副總統缺席或行使美國總統職權時，選出臨時議長。

參議院擁有審判所有彈劾案的唯一權力。在審理彈劾案時，全體參議員都應對神宣誓或發個人誓言。受審者是美國總統時，應由最高法院首席大法官主審。須經出席審判的三分之二參議員同意，才能判某人有罪。

彈劾案的判決，限制在免除公職，和剝奪享有美國榮譽、責任或有報酬職務的資格。但是，仍可依法起訴、審理、判決及處罰被定罪者。

第四節

舉行參議員及眾議員選舉的時間、地點和方式，由各州議會規定。國會可隨時依法制定或更改此類規定，但不包括選舉參議員的地點。

國會每年應至少開會一次。除非國會依法另定日期，應在[十二月的第一個星期一][4]開會。

第五節

參眾兩院應自行審查本院議員的選舉、選舉結果及資格。每院議員出席過半數，即構成可議事的法定人數。在法定人數不足時，可延期開會，並可依照本院規定的方式與罰則，強迫缺席議員出席會議。

參眾兩院可規定本院的議事規則，懲罰本院行為不檢的議

---

4. 根據第二十修正案第2節修改。

員，並可經三分之二議員的同意，開除議員。

參眾兩院都應保存本院的《議事錄》，並不時予以公布，但各院認為需要保密的部分除外。各院議員對任何問題的贊成和反對意見，如有五分之一的出席議員要求，則應記入本院《議事錄》中。

在國會開會期間，未經另一院同意，不得休會三日以上，也不得將會議地點遷移它處。

第六節

參議員和眾議員應獲得服務報酬，數額由法律規定，並由美國國庫支付。兩院議員在本院開會期間，以及往返本院的途中，享有不受逮捕的特權，除非他們犯有叛國罪、重罪及妨害治安罪；各院議員不可因在各自議院內發表的言論，而在院外任何地方受到質詢。

參議員或眾議員在任期內，均不得受任為美國政府新設或增加薪酬的任何文官。凡在美國政府供職者，在任職期間不可擔任參眾兩院議員。

第七節

所有徵稅法案應由眾議院提出，但參議院可對之提出或同意修正案，如同處理其它法案一樣。

眾議院和參議院通過的每一法案，在成為法律前，應送交美國總統。總統如批准法案，應在其上簽名，否則應附上異議書，和法案一起退還給原議院。原議院應將異議書詳細記入議事錄，然後進行覆議。如覆議後，該院三分之二的議員同意通過該法案，則將該法案和異議書送交另一議院。另一議院也應進行覆議，如果獲得三分之二的議員贊成，該法案即成為法律。在這種情況下，兩院都應通過投票表決，而且贊成或反對該法案的議員姓名，應記入各院的《議事錄》。如法案在送達總統後的十日內（星期日除外），未被總統退回，即視為總統已簽署，該法案即成為法律。除非因國會休會阻止了法案退回，此時，該法案不能成為法律。

需要參議院和眾議院同意的每項命令、決議或表決（休會問題除外），均需送交美國總統。這些命令、決議或表決應經總統批准，方可生效。如總統不批准，則應按照通過法案的規則和限制，分別由參議院和眾議院三分之二的議員重新通過，才能生效。

第八節

國會有下列許可權：

[1]制定及徵收關稅、消費稅和其它稅項，[2]用來償付國債，支持美國防務和公共福利，但所徵的關稅和消費稅應全國統一；

[3]以美國的信用借款；

[4]監管美國與外國、各州之間，以及和印第安部落的貿易；

[5]制定全國統一的入籍法和[6]破產法；

[7]鑄造貨幣、釐定本國貨幣和外國貨幣的價值、[8]並確定度量衡的標準；

[9]制定懲處偽造美國證券和流通貨幣的法律；

[10]設立郵政局和建造郵政通道；

[11]在一定期限內，保證作家和發明家對各自的作品和發明，享有專利權，促進科學和文藝進步；

[12]設立最高法院之下的各級法院；

[13]界定和懲罰在公海上所犯的海盜罪和重罪，以及違反國際法的犯罪行為；

[14]宣戰、頒發捕獲敵船和採取報復行動的許可狀，制定有關陸上和海上捕獲的規則；

[15]徵召並裝備陸軍，但此項用途的撥款不可超過兩年；

建立及維持一支海軍；

[16]制定陸軍和海軍的管理規則；

[17]規定如何徵召民兵，以執行美國法律、鎮壓叛亂和抵禦外敵入侵；

規範民兵的組織、裝備和紀律，指揮為美國服務的民兵部隊。但是，民兵將官的任命，以及按國會規定訓練民兵，由各州負責；

[18]在某些州割讓給聯邦並為國會接受，而成為聯邦政府的所在地區（不可超過十平方英里），國會行使專屬立法權；**[19]**聯邦經所在州議會同意而購買的、用於建造要塞、彈藥庫、兵工廠、船塢和其它必要建築的所有地點，也行使同樣的權力；

[20]為執行以上各項權力，以及執行《憲法》授予美國政府或其任何部門或官員的權力，國會需制訂一切必要及適當的法律。

作者註：《憲法》授予國會的二十項權力，在第一章第八節第一至第十八款中列出。括號中的數字只是為方便查閱而添加，並非《憲法》原文的一部分。

第九節

[1]在1808年之前，國會不可禁止現有各州准許的人入境（註：主要指黑奴）。但對此類人入境可徵稅，以每人不超過十元為限。

[2]不可中止人身保護令（Habeas-corpus）的特權，除非在發生內亂或外患時，為了公共安全需要這樣做。

[3]不可通過剝奪公民權利或可追溯既往的法案。

[4] [除根據前文規定，按人口普查或統計的比例徵稅外，不可徵收人頭稅或其它直接稅][5]。

[5]不得對任何州輸出的貨物徵稅。

[6]在任何通商或納稅條例中，各州港口都應享有同等待遇；不可強迫任何駛往或駛自一州的船隻駛入另一州，並在那裡清關或納稅。

[7]除法律規定的撥款外，不得從國庫提取任何款項；所有公款的收支報告和帳目，應定期公布。

[8]美國不得授予任何貴族爵位；**[9]**凡在美國政府任職或受薪的人，未經國會許可，不得接受國王、王公或外國政府的任何禮物、薪酬、職務或爵位。

第十節

[1]各州不得締結任何條約、結盟或組織邦聯；**[2]**不得頒發捕獲敵船的許可狀；**[3]**不得鑄幣；**[4]**不得發行信用票據；**[5]**不得用金、銀幣以外之物來償還債務；**[6]**不得通過剝奪公民

---

5. 根據第十六修正案修改。

作者註：《憲法》對國會的九項限制，在第一章第九節第一至第八款中列出。括號中的數字只是為方便查閱而添加，並非《憲法》原文的一部分。

權、可追溯既往，或損害契約義務的法案；**[7]**不得授予貴族爵位。

[8]未經國會同意，各州不得對進、出口貨物徵稅。為執行該州的檢查法律而有絕對必要的情況，不受此限；各州對進、出口貨物所徵稅款的淨收益，應歸美國國庫使用；國會對所有此類法律有修改和監管權。

[9]未經國會同意，各州不得徵收船舶噸位稅，**[10]**不得在和平時期保有軍隊或軍艦，**[11]**不得和其它州或外國締結任何協定或契約，**[12]**不得交戰。但在遭受實際入侵或迫在眉睫的危險時，不受此限。

第二章

第一節

行政權屬於美國總統。總統任期四年，總統和副總統任期相同，應按照下列程序選出：

各州應按其州議會所定程序選派選舉人，人數應等於本州在國會擁有的參議員和眾議員人數總和，但參議員、眾議員或在美國政府任職或受薪的人，不得被指定為選舉人。

[選舉人應在各自的州內開會，投票選出兩人，其中至少一人和選舉人不在同一州。他們應列出一個包括所有候選人的名單，以及每人的得票數，然後簽署和認證這個名單，並將它密封送至美國政府所在地，交給參議院議長。參議院議

作者註：《憲法》對各州的十二項限制，在第一章第十節第一至第三款中列出。括號中的數字，只是為方便查閱而添加，並非《憲法》原文的一部分。

129

長應在參眾兩院議員面前，拆封所有來件，然後計票。得票數最多，且超過選舉人總數一半的人，將成為總統；如果不止一人獲得過半數的票，且數量相等，眾議院應立即投票，選出其中一人為總統；如果沒人獲得過半數票，眾議院應以相同方式，從名單排名前五位的人中，選出總統。但是，在選舉總統時，應以州為單位，每州擁有一票；出席投票的法定人數，應包括來自三分之二州的眾議員。獲得多數州支持的人當選總統。選出總統後，獲得選舉人票最多的人將成為副總統。如果仍不止一人得票相等，則由參議院投票，選出其中一人為副總統。]6

國會可決定各州選出選舉人的時間，以及選舉人投票日。投票日應全國一致。

只有出生而為公民，或在本《憲法》實施時已是公民的人，才可當選美國總統；同時，年齡未滿三十五歲、並且在美國居住未滿十四年者，不可當選總統。

[如果總統因免職、死亡、辭職，或無能力履行職責時，由副總統代行總統職權。國會應通過法律規定，如果總統和副總統都因上述原因，無法履行職責時，宣布由誰代行總統職權，直至總統恢復能力，或選出新總統為止。]7

總統應在任期內領取薪酬，並且在其任期內不得增加或減少。總統在任期內不得收受美國或任何州的其它報酬。

總統在履職前，應對神或以個人宣布如下誓言：

6.根據第十二修正案修改。　7.根據第二十五修正案修改。

「我鄭重宣誓（或宣言），我將忠實履行美國總統的職責，並將盡我所能，保護和捍衛《美國憲法》。」

第二節

總統是美國陸軍和海軍的總司令，也是應召為國家服役的各州民兵的總司令；他可要求各行政部門主管，為與其職責相關的任何問題，提供書面意見；他有權對危害美國的犯罪給予緩刑和赦免，但不包括彈劾案。

經過諮詢參議院，並獲得參議員出席人數的三分之二贊成，總統有權締結條約；總統應提名大使、公使和領事、最高法院法官，以及沒在《憲法》規定、應由法律另行規定的其他美國官員，並在諮詢參議院並獲得同意後，任命這些官員；但是，國會如果認為合適，可以依據法律，把下級官員的任命權授予總統、法院或部門主管。

總統有權任命人員，填補所有可能在參議院休會期間出現的空缺，但這些任命應在參議院下次會議結束時到期。

第三節

總統應不時向國會報告聯邦國情，並建議國會考慮他認為必要和適當的措施。在非常之時，他可召集兩院或其中一院開會。如果兩院對休會時間有意見分歧，他可讓兩院休會至他認為合適的時間。他應接見各國大使和其他公使。他應確保忠實執行法律，並任命所有美國政府官員。

第四節

美國總統、副總統和所有政府文官，如因叛國、賄賂或其它重罪和輕罪，被彈劾或定罪，應被免職。

第三章

第一節

　　美國的司法權屬於最高法院，和國會可隨時委任並設立的下級法院。最高法院和下級法院的法官，品行端正才能任職，並按時領取薪酬。在他們任職期間，薪酬不得減少。

第二節

　　司法權的適用範圍：所有基於本《憲法》、美國法律，以及根據授權制定的條約而產生的法律和衡平法案件；所有涉及大使、公使和領事的案件；所有海事法和海洋管轄案件；美國作為當事人的訴訟；兩個或多個州之間的訴訟；[一州和其它州公民之間的訴訟][8]；不同州公民之間的訴訟；同州公民之間對不同州土地所有權的訴訟，[以及一州或其公民與外國、外國公民或臣民之間的訴訟][9]。

　　在所有涉及大使、公使、領事及一個州是當事人的案件中，最高法院有初審管轄權。對於前述其它所有案件，無論是法律還是事實，最高法院有上訴管轄權，但須依從國會制定的例外和規則。

　　除彈劾案外，所有犯罪都應由陪審團審判；這種審判應在犯罪發生的州進行；如果犯罪不是在任何州內發生，審判應在國會依法指定的地點進行。

第三節

　　叛國罪只包括對美國發動戰爭，或依附、幫助和安慰敵

---

8. 根據第十一修正案修改。　　9. 根據第十一修正案修改。

人。須有兩名證人為其同一明顯行為作證，或當事人在公開的法庭上認罪，才可定叛國罪。

國會有權宣告對叛國罪的處罰，但沒收財產僅限於受罰者在世的時候，不得剝奪其後代的財產繼承權。

第四章

第一節

各州對於其它州的公共法令、記錄和司法程序，應給予完全的信任和尊重。國會可根據一般法律，規定這些法令、記錄和司法程序的證明方式及其效力。

第二節

每州的公民，都享有其它各州公民的一切特權和豁免權。

在任何一州被控犯有叛國罪、重罪或其它罪的人，如果逃到其它州後被尋獲，應在其出逃州行政當局要求下，移交給對此犯罪有管轄權的州。

[根據一州的法律，應在此州服務或勞役的人，如果逃到其它州，不可因逃往州的任何法律或條例，解除其服務或勞役，而應根據接受服務或勞役一州的要求，將這個人交出。][10]

第三節

國會可准許新州加入本聯邦，但不得在其它州的境內建立

---

10. 根據第十三修正案修改。

新州。未經相關州議會和國會許可，不得通過合併兩州或更
多州，或合併幾個州的一部分成立新州。

　　對屬於美國的領土或其它財產，國會有權處理和制定一切
必要的法規和條例。對本《憲法》中的任何條文，不得做有損
美國或任何特定州權利的解釋。

第四節

　　美國應向各州保證實行共和政體，保護各州免遭入侵；並
應州議會或行政機構（當州議會無法召集時）的請求，平定州
內暴亂。

第五章

　　如果在國會兩院都有三分之二的議員認為必要，可以對本
《憲法》提出修正案；或者在三分之二的州議會要求下，召集
修憲會議，提出修正案。無論是哪一種方式提出的修正案，
只要有四分之三的州議會、或修憲會議上的四分之三多數批
准，即可生效，並成為本《憲法》的一部分。至於採用哪種批
准方法，由國會提議。但在1808年之前制定的修正案，不可
以任何方式，影響第一章第九節的第一款和第四款；未經任
何一州同意，都不得剝奪該州在參議院的平等投票權。

第六章

　　在本《憲法》通過之前承擔的債務和訂立的契約，本《憲法》
承認仍然對美國有效，和在邦聯時期一樣。

本《憲法》和據此制定的美國法律，以及所有經美國授權締結或將締結的條約，都是美國的最高法律。各州法官都應受其約束，即使在任何一州的《憲法》或法律中，有與之相抵觸的內容。

前面提到的聯邦參議員和眾議員、各州議會的議員、以及聯邦和各州所有行政官和司法官，都應對神宣誓或發個人誓言，擁護本《憲法》。但是，永遠不得以宗教標準，作為美國政府任何官職或公職的任職條件。

第七章

本《憲法》經九個州出席的制憲會議批准後，即在各批準州生效。

本《憲法》在公元一七八七年(美國獨立後第十二年)九月十七日，經出席制憲會議的各州一致同意後制定。我們謹在此簽名作證。

喬治·華盛頓　　主席兼弗吉尼亞州代表

新罕布希爾州：

約翰·蘭登

尼古拉斯·吉爾曼

康涅狄格州：

威廉·塞繆爾·約翰遜

羅傑·謝爾曼

麻薩諸塞州：

納撒尼爾·戈爾漢姆

魯弗斯·金

紐約州：

亞歷山大·漢密爾頓

新澤西州：

威廉·利文斯頓

大衛·布里爾利

威廉·帕特森

喬納森·戴頓

北卡羅來納州：

威廉·布朗特

理查德·多布斯·斯佩特

休·威廉森

賓夕法尼亞州：

本傑明·富蘭克林

托馬斯·米夫林

羅伯特·莫里斯

喬治·克萊默

托馬斯·費茲西蒙斯

賈瑞德·英格索爾

詹姆斯·威爾遜

古弗納·莫里斯

特拉華州：

喬治·里德

小甘寧·貝德福德

約翰·狄更生

理查德·巴塞特

雅各·布魯姆

馬里蘭州：

詹姆斯·麥克亨利

丹尼爾·聖托馬斯·詹尼弗

丹尼爾·卡羅爾

弗吉尼亞州：

約翰·布萊爾

小詹姆斯·麥迪遜

南卡羅來納州：

約翰·拉特利奇

查爾斯·科茨沃思·平克尼

查爾斯·平克尼

皮爾斯·巴特勒

喬治亞州：

威廉·費

亞伯拉罕·鮑德溫

證明人：威廉·傑克遜，秘書

《美國憲法》修正案

《憲法》的前十項修正案，稱為《權利法案》，於1791年12月15日生效。

第一修正案

國會不得制定法律，來確立宗教或禁止自由信教，剝奪言論自由或出版自由，剝奪人民和平集會和向政府請願伸冤的權利。

第二修正案

訓練有素的民兵隊伍，是保障各自由州安全的必要條件，人民擁有和攜帶武器的權利，不得侵犯。

第三修正案

在和平時期，未經房主同意，士兵不得駐扎在任何民宅；在戰爭時期，也必須按照法律規定的方式駐扎。

第四修正案

人民享有人身、住宅、文件和財產，不受無理搜查和扣押的權利，不得被侵犯。除非有正當理由，用對神宣誓或個人誓言保證，並明確說明搜查地點和扣押的人或物，否則，不得簽發搜捕令。

第五修正案

除非有大陪審團的報告或起訴書，否則，任何人不得因被控死罪或其它重罪而受審，但在戰爭或公共危機時期，陸軍、海軍或民兵服役時發生的案件除外；任何人不得因同一罪行，被兩次危及生命或身體；在任何刑事案件中，不得強迫任何人自證其罪；未經正當法律程序，不得剝奪任何人的生命、自由或財產；不得未經公正補償，就把私人財產徵為公用。

第六修正案

在所有刑事訴訟中，被告享有以下權利：在發生犯罪的州和地區（該地區應事先依法確定），由公正的陪審團，進行迅速和公開的審判；得知指控的性質和理由；和原告證人對質；強制傳喚對其有利的證人；獲得辯護律師的協助。

第七修正案

在普通法訴訟（註：民事訴訟）中，如果爭議的價值超過二十美元，應保留由陪審團審判的權利。陪審團判定的任何事實，美國任何法院，都不得以普通法以外的規則重新審理。

第八修正案

不得要求過高的保釋金，不得處以過高的罰款，不得施加殘酷和異乎尋常的懲罰。

第九修正案

《憲法》中列明的某些權利，不得解釋為否認或貶低人民保留的其它權利。

第十修正案

凡是《憲法》未授予美國聯邦政府，也未禁止各州行使的權力，都保留給各州或人民。

下面是第十一至二十七修正案：

第十一修正案

1795年2月7日生效

美國的司法權，不得解釋為可受理它州公民、外國公民或臣民，對美國任何州提起的任何普通法或衡平法訴訟。

第十二修正案

1804年6月15日生效

選舉人應在各自的州內開會，投票選舉總統和副總統，其中至少一人不是和選舉人同州的居民。選舉人應在選票寫上選為總統的人名，並在另一選票寫上選為副總統的人名。他們應為選為總統和副總統的人，分別列出名單，並寫明每人所得票數。選舉人應在名單上簽名作證，然後將它們封印，送到美國政府所在地，直接交給參議院議長。

參議院議長應在參眾兩院議員面前，拆開所有證明文件，然後計票。

獲得總統選票最多，並且得票數超過選舉人總數一半的人，當選為總統；如無人獲得過半數票，眾議院應立即從選為總統的名單上，得票最多的三人中，投票選出總統。但是，按這個程序選舉總統時，應以州為單位，每州擁有一票，選舉總統的法定人數，應包括來自三分之二州的眾議員，獲得所有州的超半數票者，當選為總統；如果眾議院在次年三月四日還未選出總統，就由副總統代行總統職權，就像《憲法》中規定的，在總統去世或其它喪失履職能力的情況那樣。

　　獲得副總統選票最多的人，如果得票數超過選舉人總數的一半，就當選為副總統。如無人獲得過半數票，參議院應從名單上得票最多的兩人中，選出副總統。選舉副總統的法定人數，應達到參議員總數的三分之二，並且必須獲得超過參議員總數一半的票數，才能選出副總統。按《憲法》規定無資格當選總統的人，也不得當選為美國副總統。

第十三修正案

1865年12月6日生效

　　1. 美國境內或受美國管轄的任何領地，不得存在奴隸制或強迫勞役，但是，因犯罪而被判處強迫勞役，不在此限。

　　2. 國會有權制定適當法律，執行本修正案。

第十四修正案

1868年7月9日生效

　　1.所有在美國出生或歸化，並受到管轄的人，都是美國公民，也是其所居住州的公民。任何州都不得制定或執行限制美國公民特權或豁免權的法律；未經正當法律程序，不得剝奪任何人的生命、自由或財產；不得否定管轄區內任何人的平等法律保護權。

　　2.眾議員名額，應按各州的總人口分配，但不包括不納稅的印第安人。在選舉美國總統和副總統選舉人、國會眾議員，州行政和司法官員，或州議會議員時，各州年滿二十一歲、身為美國公民的任何男性居民，如果其選舉權被剝奪，或受到任何限制（不包括參與叛亂或其它犯罪），其所在州的代表權基數，應按這類男性公民人數，占本州二十一歲男性公民總數的比例減少。

3.任何人作為國會議員、美國官員、州議會議員、州行政或司法官員，宣誓擁護《美國憲法》，後來卻參與叛亂，或給予敵人幫助或鼓勵，都不得再做國會參議員或眾議員，或成為選舉總統和副總統的選舉人，或在美國政府或州政府擔任文官或武官。但是，國會可通過參眾兩院各三分之二的票數，取消此限制。

4. 經法律授權發行的美國國債，包括為平叛有功者支付養老金和獎金產生的國債，其有效性毋庸置疑。但美國或任何州都不得償付或承擔，因資助對美國的叛亂而產生的債務或義務；也不得因失去奴隸或解放奴隸而提出任何索賠；所有這類債務、義務和索賠，都應視為非法和無效。

5. 國會有權制定適當法律，執行本修正案。

第十五修正案

1870年2月3日生效

1. 美國或任何州，不得因種族、膚色或曾被強迫勞役，剝奪或限制美國公民的選舉權。

2. 國會有權制定適當法律，執行本修正案。

第十六修正案

1913年2月3日生效

國會有權對任何來源的收入制定和徵收所得稅，無需在各州分配，也無需考慮任何人口普查或統計。

第十七修正案

1913年4月8日生效

美國參議院由每州人民選出的兩名參議員組成，參議員任期六年，每位參議員有一票表決權。各州選舉人應具備本州人數最多議會的選舉人資格。

任何州的參議院席位出現空缺時，這個州的行政當局應發出選舉令，以填補這些空缺；在人民按議會指示選舉、填補空缺前，州議會可授權本州的行政官，任命臨時參議員。

本修正案在成為《憲法》的一部分之前，當選的任何參議員的選舉或任期，不得受到影響。

第十八修正案

1919年1月16日生效

1. 本修正案生效一年後，在美國及其管轄的所有領土內，禁止釀造、銷售、運輸、進口或出口致醉酒類飲料。

2. 國會和各州都有權制定適當法律，執行本修正案。

3. 根據《憲法》規定，當國會向各州提交本修正案，並在七年內得到各州議會批准，本修正案才能生效。

第十九修正案

1920年8月18日生效

美國或各州不得以性別為由，剝奪或限制美國公民投票權。

國會有權制定適當法律，執行本修正案。

第二十修正案

1933年1月23日生效

1. 在本修正案獲批准前，總統和副總統的任期，應在屆滿之年的1月20日中午結束；參議員和眾議員的任期，應在屆滿之年的1月3日中午結束。他們繼任者的任期同時開始。

2. 國會應每年至少開會一次。會議應在1月3日中午開始。國會依法另定日期除外。

3. 如當選總統在規定接任日期開始時去世，當選副總統應繼任為總統；如果在規定的總統任期開始前，還沒選出總統，或當選總統不合乎資格，當選副總統將代行總統職權，直到有合乎資格的總統為止；如果當選總統和當選副總統都不合乎資格，國會可依法宣布誰代理總統職權，或選出代理總統的方法。代理總統依法代行總統職權，直到有合乎資格的總統或副總統為止。

4. 國會可制定法律處理以下情況：選舉總統的權力移交給眾議院後，總統候選人中有人死亡；選舉副總統的權力移交給參議院後，副總統候選人中有人死亡。

5. 上述第1款和第2款，應在本修正案批准後的十月十五日生效。

6. 當國會向各州提交本修正案，並在七年內得到四分之三的州議會批准，本修正案才能生效。

第二十一修正案

1933年12月5日生效

1. 特此廢除第十八憲法修正案。

2. 禁止違反當地法律，把致醉酒類飲料運輸或進口到美國的任何州、領土或屬地，並在當地交付或使用。

3. 按《憲法》規定，當國會向各州提交本修正案，並在七年內獲得各州制憲會議批准，本修正案才能生效。

第二十二修正案

1951年2月27日生效

1.任何當選總統，任職不得超過兩屆。任何繼任總統或代理總統，如任職超過一屆任期中的兩年，就只能再獲選任職一屆總統。本條款對國會提出本修正案時的在任總統不適用；如果在本修正案生效時，已成為繼任總統或代理總統，不妨礙其完成任期。

2. 當國會向各州提交本修正案，並在七年內得到四分之三的州議會批准，本修正案才能生效。

第二十三修正案

1961年3月29日生效

1.美國政府所在的特區，應按國會規定的方式選派選舉人。總統和副總統選舉人的名額，和任何州一樣，等於特區在國會有權擁有的參議員和眾議員總數，但不得超過人口最少州的選舉人名額。儘管他們不是各州選派的選舉人，但對於選舉總統和副總統，他們應視同各州選派的選舉人。他們應在特區開會，履行第十二修正案規定的職責。

2. 國會有權制定適當法律，執行本修正案。

第二十四修正案

1964年1月23日生效

1. 美國或各州不得以沒繳納人頭稅或其它稅為由，剝奪或限制美國公民，在任何初選或其它選舉中的投票權，包括選舉總統或副總統、總統或副總統選舉人、國會參議員或眾議員。

2. 國會有權制定適當法律，執行本修正案。

第二十五修正案

1967年2月10日生效

1. 如果總統被免職、死亡或辭職，由副總統繼任為總統。

2. 如果副總統職位出現空缺，總統應提名一位副總統，經國會參眾兩院多數票批准後就職。

3.當總統向參議院臨時議長和眾議院議長書面聲明——自己無法履行總統職權時，由副總統代理總統職權，直到總統再次書面聲明——自己能履行總統職權為止。

4. 當副總統和行政機構，或國會依法設立的其它機構中，有多數主管以書面形式，向參議院臨時議長和眾議院議長聲明——總統無能力履行職權時，副總統應立即代理總統職權。

此後，如果總統向參議院臨時議長和眾議院議長書面聲明——自己不存在無法履行職權問題，則應恢復總統的職權。除非副總統和行政機構，或國會依法設立的其它機構，有多數主管在四天內，又向參議院臨時議長和眾議院議長書面聲明——總統確無能力履行其職權。此時，國會應就此問題做出決定。如果恰逢國會休會，則應在四十八小時內為此召集會議。如果國會在收到後者書面聲明的二十一天內（如逢國會休會，則在要求其開會的二十一天內），以參眾兩院各三分之二的票數，裁定總統無能力行使職權，則副總統繼續代理總統職權；否則，應恢復總統的職權。

第二十六修正案

1971年7月1日生效

1.所有年滿18歲以上的公民都有權投票，美國或各州不得以年齡為由，剝奪或限制他們的選舉權。

2. 國會有權制定適當法律，執行本修正案。

第二十七修正案

1992年5月7日生效

任何改變參議員和眾議員薪酬的法案，在選舉下屆眾議員之前，不得生效。

獻辭

　　謹以此書，獻給我親愛的父親克里昂·斯考森（W. Cleon Skousen，1913-2006）。

　　我父親畢生致力於《憲法》研究、寫作、演講和教學，他激勵了整整一代美國人。他的著作，例如《裸體的共產黨人》、《飛躍5000年：美國28項立國原則》和《美國的誕生》等等，影響深遠。無論是在地方和州層面，還是在聯邦層面，都引領了積極的、原則性的政治變革。

　　我父親善於化繁為簡。他把複雜的概念，變成淺顯易懂的語言，讓追求自由的人們，都能夠理解和珍視。本書的大部分研究資料，來自我父親的檔案、著作和演講，這也是出於我對父親的敬佩和愛戴。

保羅·斯考森

致謝捐助人

　　這套「神奇美國」叢書的問世，直接受益於觀眾朋友們的慷慨捐助。我在此代表斯考森教授和所有讀者，向以下幾位捐助人致謝：

Xi Gao 和 Joe Lin

Yi Fei

Yuan Ping

Nien T. Chang

Arlene Chang

Amber Chang

Alvin Chang

Sara Huang

你們不僅是在幫助普及美國常識，也是在書寫歷史！

方伟

致謝出版團隊

我對在本書中文版的出版過程中，給予幫助的以下所有朋友深表謝意：

開新出版社的責任編輯Shawn Bai，在他的幫助之下，這本書的內容變得更為嚴謹和通俗易懂；

開新出版社的資深校對員Ming Yuan和Su Jiang的辛勤工作，讓這本書的閱讀體驗變得更好；

開新出版社的Jason Xiao，為使本書早日和讀者見面，付出了很多努力，還熱心地為本書內容提出寶貴建議；

Allen Zhang、Lili Cai和Cherry Wu，對英文原著的翻譯，給予了我大力協助；

設計師Sandy Zhou非常辛苦，為了趕出版進度，她經常在業餘時間工作，並且對一次又一次的修改要求，總是表現出無與倫比的敬業和耐心。

當然，囿於我們的能力和經驗，本書中引用的事實或觀點難免會有訛誤，歡迎大家斧正和補充。

方偉

附註

引言

注意：本書旨在簡單介紹締造美國的重要文獻，並不做深入的研究。這些文獻的基本信息，在任何百科全書或歷史教材中都可找到。為方便讀者參閱，特列出以下資料來源。

第III頁

傑斐遜的名言：教育是「真正杜絕濫用憲法權力」的最佳方法，出自傑斐遜致威廉·查爾斯·賈維斯的信，1820年9月28日，見《托馬斯·傑斐遜文集》，國家檔案館。

第3頁

字數：憲法中的4,379個字，不包括簽名。

第4-7頁

法治、人民的法律和統治者的法律：想了解更多相關內容，以及國父們和古代哲學家的引言，請參閱克里昂·斯考森的著作《美國的誕生》「古老原則的發現」。

《獨立宣言》

第13-14頁

《獨立宣言》前兩段中提出的的八個古老的原則，是對國父們深入討論的總結。傑斐遜寫入《獨立宣言》的主要原則，綜合了以下不同作者的論點，包括：

約翰·洛克（1632-1704），《人類理解論》；關於不可剝奪的權利，請參閱《民治論》，第二卷，XI:136n；洛克關於生命、自由和財產的論述，見《民治論》，第二卷，II:11，III:56，V:136n。洛克論政府保護權利的義務，見《民治論》第二卷；洛克關於公民有權把自衛和自我治理的權利委託給政府，請參閱《政府二論》，1689年。

威廉·布萊克斯通爵士（1723-1780），《英國法律評論》，由霍爾引用，《憲法的基督教歷史》，第140-146頁；也可參考鄧肯·肯尼迪的《布萊克斯通法律評論的結構》，第250頁，布萊克斯通說，法官不是法律的來源，因此認為立法機關高於司法機關。

孟德斯鳩（1689-1755）在《論法的精神》中說，所有法律都源自上帝，人類制定的法律，必須符合上帝的法律；所有人都擁有相同的特質，比如自由選擇。（見沃納·史塔克，《孟德斯鳩：知識社會學的先驅》，多倫多大學出版社，1961年，第14-16頁）。

愛德華·科克爵士（1552-1634），反對非法行使政府權力的人，《英格蘭法律制度論》。

雨果·格羅秀斯（1583-1645）討論了上帝的存在、神性和天命，請參見威廉·瓦西利奧·索蒂洛維奇，《格羅秀斯的宇宙：神的法律和對和諧的追求》，紐約：范坦奇出版社，1978年，第27頁；

格羅秀斯還論述了自然法高於人類法律的觀點，請參見索蒂洛維奇的《論戰利品和獎金法》，牛津：克拉倫登出版社，1950年，第8頁。引自《格羅秀斯的宇宙》，第46頁。

詹姆斯·威爾遜（1742-1798）寫道，所有法律都來自上帝，請參閱詹姆斯·德威特·安德烈斯：《威爾遜作品集》，（芝加哥，1896年），1:91-93。

奧爾吉農·西德尼（1623-1683），論述允許存在的政府，反對絕對君主制；認為個人有權選擇自己的政府形式，不必服從腐敗政府，並且有權廢除它。請參閱《政府論》。

埃默里克·德·瓦特爾（1714-1767），《萬國律例》，1758年，第293-296頁，論述每個國家都有自由，按照自己的意願治理自己。

約翰·米爾頓（1608-1674）論述了人民對其政府有合法的控制權，有權組建、改變和廢除政府，請參閱約翰·米爾頓的《論國王與官吏的職權》，《大英百科全書》，1896年。

《詹姆士王聖經》（1611年），重點是《出埃及記》、《利未記》、《民數記》、《申命記》、《馬太福音》、《馬可福音》。

如果您有興趣了解，在個人權利和良好政府方面，影響國父們見解的各種書籍、論文和其它資料，請參見約翰·艾茲莫的《基督教與憲法，我們國父的信仰》，貝克書屋，密西根州大急流城，1987年。艾茲莫列出了國父們在演講和文章中，最常引用的思想家、書籍和論文。

第16-17頁

法治、人民的法律和統治者的法律，引自《美國的誕生》，克里昂·斯考森授權作者使用。

「暴政的七大支柱」：所有暴政的體系和社會主義體系中都存在七種常見的控制和操縱人民的模式，請參見保羅·斯考森和方偉的《裸體的社會主義者》中文精簡版（2024年），第16-19頁；歷史上的有關例子，請參見這本書的第四章。

第24頁

《獨立宣言》的歷史常識：草稿不是寫在麻紙上的，請參閱托馬斯·傑斐遜基金會的討論。網址www.monticello.org。

字數：哈佛大學（Harvard.edu）測定，不包括簽名的話，《獨立宣言》實際字數為1,337個字，包括標題和日期。如果包括簽名，一共是1,458個字。

傑斐遜說，《獨立宣言》的創作「不是要找出不為人知的新原則或新論點，也不僅僅是要說出前人沒說過的話，而是要把這個問題的常識呈現給人類，用淺白而堅定的措辭來贏得他們的贊同，並證明我們被迫獨立是正確的。宣言既不追求原則上或情感上的標新立異，也不抄襲任何特定的前人著作，它旨在表達美國人的思想，並賦予這種表達適當的語氣和精神。」1826年5月8日致亨利·李的信。

第34頁

有關奴隸制的已刪除段落。這原本是對英王的第二十七項控告，但在最終通過之前被刪除。傑斐遜把這個結果，歸咎於南方各州的親奴隸制派。參見《托馬斯·傑斐遜文集》中的「泰勒與毛利」，（1853-1854）。

「他對人性發動了殘酷的戰爭，侵犯了遠方民族神聖的生命權和自由權，這些人從未冒犯過他，他把他們擄作奴隸，帶到另一半球，或使他們慘死在押送途中。這種海盜式戰爭是非基督教國家的恥辱，是英國基督國王的戰爭方式。他堅決維持一個人口買賣市場，濫用他的否決權，阻止我們立法禁止或限制這種可惡的貿易。他為了彰顯恐怖氛圍，慫恿那些被他剝奪了自由的人，在我們中間武裝暴亂，用殺死主人來換取自由。這是在用對一個民族的侵犯，來抵消此前他對另一個民族犯下的罪行。」

《憲法》

第43頁

LEJ SASR：第六章還包括償還戰爭債務的重要聲明，並且要求個人宣誓支持新《憲法》。作者的妹妹，莎倫·斯考森·克雷（Sharon Skousen Krey），建議將第二個「S」寫成美元符號「$」，以喚起對戰爭債務和「至高無上」的聯想。即書寫為：LEJ SA$R。

第51頁

權利法案：請參閱阿爾弗雷德·凱利和溫弗雷德·哈比森：《美國憲法的起源和發展》，第174-177頁。

20項權力：政府僅被授予20項權力，請參閱第一章第八節。

亞歷山大·漢密爾頓：反對權利清單的原因之一，請參見《聯邦黨人文集》，第84篇。

157

近300項權利：有關憲法保護的286項憲法權利的列表、歷史和解釋，請參見克里昂·斯考森：《美國的誕生》。

第64頁

有爭議的司法裁決實例：合法墮胎（羅伊訴韋德案），同性婚姻（奧伯格費爾訴霍奇斯案），平價醫療法案《奧巴馬健保》（NFIB訴塞貝利厄斯案）。公眾認為，它們違反了第九和第十修正案。

第75-76頁

用《憲法》廢除自由敵人的方法：請參見保羅·斯考森和方偉的《裸體的社會主義者》中文精簡版（2024年）第三章。

縱向、橫向減弱權力：波利比烏斯（公元前204-公元前122年）首次建議由許多人分享政治權力，以防止暴君濫權。孟德斯鳩提出了三權分立。傑斐遜呼籲，把政治權力分散給許多人。

共產計劃：塞繆爾·亞當斯說：「烏托邦式的平均主義和財產共有，和那些把所有財產歸王室的想法一樣，都是空想和不切實際的。」請參見保羅·斯考森和方偉的《裸體的社會主義者》中文精簡版（2024年）第38-39頁。

第79頁

「如果你不提問，你永遠不會聽到答案。」作者父親的睿智忠告，以激發他對浩如煙海史料的興趣，去深入探索歷史、科學、原則和價值觀。

第81頁

為戰爭做好準備：本傑明·富蘭克林：「確保和平的方法，就是為戰爭做好準備……」史密斯，《本傑明·富蘭克林文集》，2:352。

喬治·華盛頓：「備戰是維持和平的有效手段之一。」費茨帕特里克，《喬治·華盛頓文集》，30:491，31:402。

公共福利和特定福利：1936年的「巴特勒案」，解決了激烈爭論的支出權問題。該案賦予國會支出「特定福利」的權力。請參閱斯考森：《美國的誕生》，第387-392頁。

塞繆爾·亞當斯的名言「最完善的憲法」，請參見威廉·文森特·威爾斯：《塞繆爾·亞當斯的生平和公職》第一卷，1865年。

第95頁

監管機構：行業監管始於1887年國會設立的州際貿易委員會。這成為了建立其它監管機構的範例。他們結合了政府的立法和司法職能，制定並執行新的監管法律。總統可以任命各監管機構的負責人。

第97頁

對最高法院的制衡：托馬斯·傑斐遜的《肯塔基決議案》，涉及州有權認定違憲的聯邦法無效，並援引第十修正案作為依據（見1798年的肯塔基決議）。

托馬斯·傑斐遜——憲法易受司法改變：「根據這一假設，憲法只是司法機構手中的蠟製品，他們可以隨意扭曲並塑造成任何形狀。」（給斯賓塞·羅恩法官的信，1819年9月6日）

　　托馬斯·傑斐遜間接建議，法官應由民選產生：「你似乎認為法官是所有憲法問題的最終仲裁者；這是一個非常危險的理論，將把我們置於寡頭政權的專制統治之下。我們的法官……他們的權力更加危險，因為他們終身任職，不像其他官員一樣，受選舉控制。」（給賈維斯先生的信，1820年9月）

第103頁

　　詹姆斯·麥迪遜，「完善和延續」：「他們完成了一個在人類社會史上絕無僅有的革命。他們創建了世界上絕無僅有的政府。他們設計了一個偉大的聯邦，他們的繼任者，有責任繼續完善並延續這個聯邦。如果說他們的作品不盡完美，我們應該驚訝於瑕疵如此之少。」《聯邦黨人文集》第十四篇，1787年11月30日。

第109頁

　　歷史常識——憲法字數統計：計算憲法字數的方法有幾十種。我們從「我們美國人民」開始，到第七章的最後一個詞「……批准」結束。計算結果為4,379個字。再加上更正段落、喬治·華盛頓的簽名，以及簽署人的姓名和州名。根據國家檔案館目錄中的記錄，總字數為4,609個字。